U0142558

第 **3** 版

超速吸收
國中數學攻略

劉靜 ★ 著

五南圖書出版公司 印行

【關於數學】

　　這段文字，不是想告訴你們數學有多重要、多值得鑽研，於是我們需要也應該好好的去認識它、去理解它，然後好不意外地拿到個很漂亮的分數。

　　哈，如果我真的這麼說的話一定會在心裡笑死我自己。

　　官方說法，我承認這是大人們的官方說法。

　　（咳，咳咳…）

　　實際上，我想用我心裡的話說出來是：

　　「沒辦法，因為這社會已經預設了場你一定要參加的比賽，而數學就這麼巧剛好是裡面必選的那個項目，所以你們必須要學它！」

　　不過我想特別說的是：

　　「千萬不需要因為想要批評教育部什麼的於是好熱血的說這什麼鬼東西我才不想唸！」

　　噗，因為這樣做感覺很蠢。

　　既然一定要參賽，那麼就絕對要帶著愉快的心情好好打這場比賽，贏慘了然後露出你勝利的奸笑。

　　從小我就喜歡數學。

　　這絕對不是因為我是個數學老師所以剛好很想要個適合告訴同學們的講法，我想你那麼聰明一定猜到了：

　　因為這個科目可以讓人帥氣地拉開跟同學的差距。我承認我膚淺，我需要別人給我自信，當他們說你數學這麼好腦袋一定很聰明的時候，我其實開心的不得了。

尤其當他們又補上了一句：數學好的女生很少耶！

我更是掩不住的在心裡狂笑。

於是從小我總是不管難到爆或是簡單慘了的題目我都一視同仁的解決它。

當你心裡有個什麼想要征服的例如是遊戲例如是某個學科又或者是某個想要的東西的時候，一個很重要的因素，卻是很老梗卻血淋淋的「毅力」。

離題了。

但到底我想說的是：我不像也不想當個一般人以為的那種老師，那形象實在跟我的個性差太遠了，而且我很幼稚，沒辦法板著個臉噴著口水說著一堆連我自己都覺得很囉唆的大道理。

我真正想做的，是更厲害的。

「公式歌，公式舞，速解，還有最適合同學的上課溫度。」

是的，你沒看錯。

「溫度。」

一種最適合學習的開心氛圍跟講解速度，讓你笑慘了然後不小心就把公式記起來。（哈哈，不過該像惡魔的時候我也會立刻變身的。）

當有同學不管是班上的同學又或者是在FB上加我的陌生同學告訴我，我想出來的方法對他來說超級好用的時候，我會不自覺地揚起嘴角由衷地笑，因為，這是我的驕傲。

最後，來介紹一下這本書：

本書以國中觀念為主軸，依照國中數學各冊順序編排，並加入些許高中基礎觀念，希望能幫你的國中以及未來高中確切地做打底的動作。

我相信，把觀念理解地夠完整透徹，才能夠真正的駕馭題目。

　　此外，書中還加入了不少親切的對話框，並搭配超強速解與公式歌，希望能夠讓你更喜歡數學。

　　當數學開始變的不那麼地艱澀難懂
　　當你願意親近願意接觸
　　拋開淺意識的抗拒
　　真心的接受之後一定能夠逐漸看見自己的成長……。

　　最後要謝謝不論是教過或是未曾謀面卻支持著我的同學跟朋友們，你們對我來說永遠都重要。

LIU JINE　劉 靜

我的電腦裡存在著某個資料匣，
名為「My Story」。
裡面記載著不用複習就深刻的記憶，
裡面蘊藏著深刻的感情曾經的感動，
有熱情、
有不顧一切、
有悸動、
有遺憾，
但沒有後悔。

某個老師曾告訴我：「沒有後悔的人生是神的境界。」
我卻反問了他：「為什麼人生需要後悔？」
即使你再怎麼的考慮周詳、總是無法全面性的完滿，
而如此，每個人才有不同型態的人生。
而終究，這才是屬於你自己的人生。

於是我單純地認為：
生命就該有傷害該有狂喜該有震撼該有波瀾，
人生的「全距」才能形成。
所以我好努力地，

活著。

好努力的學畫畫、好努力的寫書法、
好努力的打電動、好努力的練Saxophone、好努力的打桌球、
好努力的談戀愛、好努力的工作、…

因為我明白…
人生，需要的是盡力，而非完美。

圓之狂想曲

歌詞：劉靜

（同學可搭配蔡依林的歌：「詩人漫步」的旋律，希望大家可以邊唱邊在腦中想像其相關圖形。）

圓心切點　記得連線總會垂直切線
圓心與弦　弦心距垂直平分弦
圓外一點　到切點距離～相等

出現直徑　所對之圓周角均為直角
遇圓內角　兩弧度相加除以二
若圓外角　兩弧度相減除以二
弦切角與圓周角　所對弧度除以二

內公切線　根號心平減和平
外公切線　根號心平減差平
對角互補（是）圓內接四邊形
對邊相乘之和　等於對角～線相乘
兩圓外切　連心線是半徑和
兩圓內切　連心線是半徑差

相交兩點　公弦被垂直平分
大弦小弦心距　畢氏與圓共舞

出現直徑　所對之圓周角均為直角
遇圓內角　兩弧度相加除以二
若圓外角　兩弧度相減除以二
弦切角與圓周角　所對弧度除以二

內公切線　根號心平減和平
外公切線　根號心平減差平
對角互補　（是）圓內接四邊形
對邊相乘之和　等於對角～線相乘

兩圓外切　連心線是半徑和
兩圓內切　連心線是半徑差
相交兩點　公弦被垂直平分
大弦小弦心距　畢氏與圓共舞

若遇見圓外切四邊形　記得對～邊和會相等

目　錄

第一篇

正負數、數線、絕對值

PART 1 正負數

| 觀念解析 | 數系〔number system〕 |

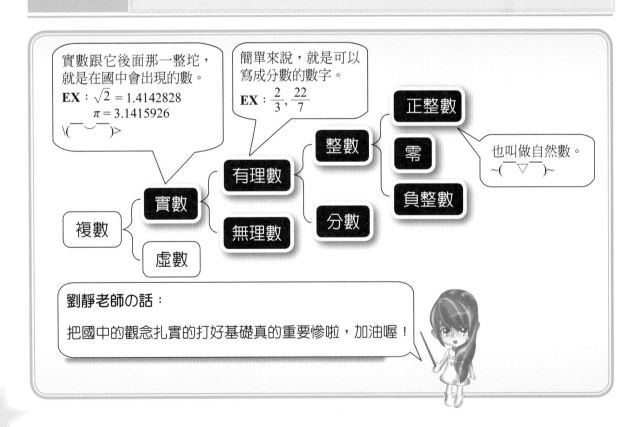

實數跟它後面那一整坨，就是在國中會出現的數。

EX：$\sqrt{2} = 1.4142828$
　　　$\pi = 3.1415926$
\\(ˉˇˉ)>

簡單來說，就是可以寫成分數的數字。

EX：$\dfrac{2}{3}, \dfrac{22}{7}$

正整數

整數

零

負整數

也叫做自然數。
~(ˉ▽ˉ)~

有理數

實數

無理數

分數

複數

虛數

劉靜老師の話：

把國中的觀念扎實的打好基礎真的重要慘啦，加油喔！

觀念解析 ┃ 正負數

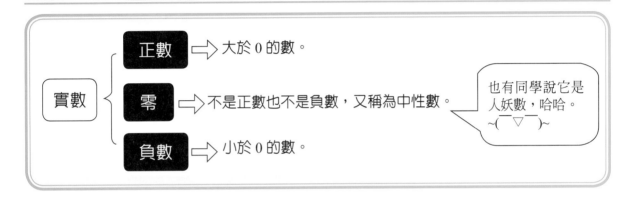

實數
- 正數 ⇒ 大於 0 的數。
- 零 ⇒ 不是正數也不是負數，又稱為中性數。
- 負數 ⇒ 小於 0 的數。

> 也有同學說它是人妖數，哈哈。
> ~(￣▽￣)~

觀念解析 ┃ 性質符號與運算符號

★ 性質符號：
- 「＋」：讀作正，用來表示正數。
- 「－」：讀作負，用來表示負數。

★ 運算符號：
- 「＋」：讀作加，用來表示加法。
- 「－」：讀作減，用來表示減法。

> 要分清楚唷。
> \(￣︶￣)> 嘿嘿

EX：$(-23)+58-(-7)+(-6)$ 讀作「負二十三加五十八減負七加負六」。

觀念解析　零の重點整理

★ 0 是整數，偶數。

★ 0 × 任意數＝0。

> 0 × 0 也等於 0。
> ~(￣▽￣)~

★ 0 ÷ 非零的任意數＝0。

★ 分母為零→無意義。

> 例如把 5 元分給 0 個人，
> 除了是種無意義的舉動，
> 而且好像還有點恐怖…＝＝（嚇）。

★ |0|＝0。

★ 0的相反數＝0。

★ 0沒有倒數。

> 因為把零倒過來，
> 那零就會出現在分母了
> o(・'''・)o（不可以）

觀念解析 ｜ 數線三要素

★ **原點**：表示 0 的位置。

★ **正向**：箭頭方向表示正向。

★ **單位長**：長度自定，一單位長代表一整數格的長度。

> 例如 0~1 之間的距離即為 1 單位長。
> ~(￣▽￣)~（喲）

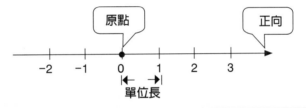

觀念解析 ｜ 數線的作圖與座標表示

EX：請在數線上分別標出 $A(-1)$、$B(-2\frac{2}{3})$、$C(2.6)$ 的點。

ANS:

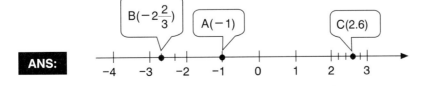

觀念解析　數線上兩點間的距離與中點座標

1. 兩點間的距離：大數減小數

　　EX：若我們要計算數線上兩點 A(-1) 到 B(-5) 的距離，

　　　　因為 A(-1) 比較大，所以我們用大數減小數：

　　　　$(-1)-(-5)=-1+5=4$

> 如果不知道誰比較大，那就幫它加上絕對值吧！\(￣︶￣)>
> $|(-1)-(-5)|=|-1+5|=4$

2. 兩點間的中點座標：相加除以二

　　EX：若我們要計算數線上兩點 A(-1) 與 B(-5) 的中點座標，

　　　　則把兩數相加除以二，也就是：

　　　　$\dfrac{(-1)+(-5)}{2}=\dfrac{(-6)}{2}=-3$

觀念解析　絕對值

1. **絕對值運算：負變正，其餘不變。**

   > 如果女朋友不正，就把她加上絕對值 XD（奸笑）

   EX：(1) |5| = 5

   > 如果知道 a 是正數，就直接把它衣服脫了~（￣▽￣#）〜〜〜（羞）

   　　(2) |−2| = 2

   　　(3) 若 a ≥ 0，則 |a| = a

   　　(4) 若 a ≤ 0，則 |a| = − a

2. **絕對值幾何意義：表示距離**

   EX：(1) |3−8| = 5，表示數線上 3 到 8 的距離為 5

   　　(2) |−6| = 6，表示數線上 −6 到原點的距離 = 6

   　　(3) 若 a ≥ b，則 |a−b| = a−b

   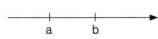

   　　(4) 若 a ≤ b，則 |a−b| = b−a

觀念解析 | 相反數

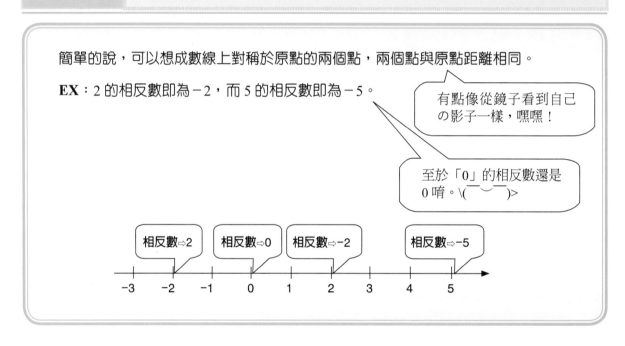

簡單的說，可以想成數線上對稱於原點的兩個點，兩個點與原點距離相同。

EX：2 的相反數即為 −2，而 5 的相反數即為 −5。

有點像從鏡子看到自己の影子一樣，嘿嘿！

至於「0」的相反數還是 0 唷。\(￣▽￣)>

相反數⇨2　相反數⇨0　相反數⇨−2　相反數⇨−5

-3　-2　-1　0　1　2　3　4　5

劉靜老師の解題關鍵：

若 a、b 兩數互為相反數，

則 a + b = 0。

非常非常重要！
⊙〰⊙

觀念解析　倒數

嘿嘿，這個更簡單，就是把分子跟分母顛倒過來。

例如 $\dfrac{3}{5}$ 的倒數即為 $\dfrac{5}{3}$ ，-9 的倒數即為 $-\dfrac{1}{9}$ 。

特別注意！「0」沒有倒數唷。
\(￣︶￣)>

因為把 0 倒過來，分母就為 0 了
>///<

劉靜老師的解題關鍵：

若 a、b 兩數互為倒數，

則 a×b = 1。

非常非常重要 again!
⊙‿⊙

劉靜老師獨家公式歌　哆啦 A 夢之數線の歌　歌詞改編：劉 靜

為了讓剛進入國中的可愛小國一學習更順利些：

劉靜老師特別用大家耳熟能詳的哆啦 A 夢的旋律改編，哈哈哈。

有機會再唱給你聽，同學也可搭著主旋律自己試試看唷 XD

> 只能說，是意想不到的搭。
> 噗。~(￣▽￣)~

＊原點、正向、單位長
　原點就是零的位置
　正向就是箭頭方向
　單位長是整數格的長

　兩點間的距離，要怎麼計算？
　嘿！就是大減小

> 這句用唸的。~(￣▽￣)~
> 意思是大數減小數。

　相反數，兩數相加等於零
　倒數積為 1
　最後是，兩點的中點座標
　相加除以二

PS：如果有不懂的地方，歡迎上劉靜數學粉絲專頁詢問唷（笑）

網址：www.facebook.com/LIUJINEMATH

範例 1

若 -6 與（甲數 $+2$）互為相反數，則甲數的相反數為＿＿＿＿＿。

> 自己先想想看，若是不知道怎麼動手再看詳解喔。~($^-\triangledown^-$)~（加油嘿！）

範例 2

⑴ 若甲數為整數，且 $|-3| < |$甲數$| < 5$，則甲數可能為＿＿＿＿＿。

⑵ 若甲數為正整數，且 $|-4| < |$甲數$| < 8$，則甲數可能為＿＿＿＿＿。

ANS

範例 1 解析

若兩數互為相反數，則兩數相加等於 0

故 $-6 + (甲數 + 2) = 0$

$\rightarrow -4 + 甲數 = 0$

$\rightarrow 甲數 = 4$

$\rightarrow 甲的相反數為 -4$

ANS: -4

範例 2 解析

⑴ $\mid -3 \mid < \mid 甲數 \mid < 5 \rightarrow 3 < \mid 甲數 \mid < 5$，所以甲數可能為 4 或 -4

⑵ $\mid -4 \mid < \mid 甲數 \mid < 8 \rightarrow 4 < \mid 甲數 \mid < 8$，因為甲為正整數

所以甲數可能為 5、6 或 7

ANS: ⑴ 4 或 -4；⑵ 5、6 或 7

PART 2 分數四則

觀念解析　分數的加減運算

EX：$3\dfrac{2}{7} - [(5\dfrac{1}{4} - 1\dfrac{3}{7}) - (1\dfrac{5}{6} - 3\dfrac{5}{7})]$

先脫裡面の括號。

$= 3\dfrac{2}{7} - [5\dfrac{1}{4} - 1\dfrac{3}{7} - 1\dfrac{5}{6} + 3\dfrac{5}{7}]$

$= 3\dfrac{2}{7} - 5\dfrac{1}{4} + 1\dfrac{3}{7} + 1\dfrac{5}{6} - 3\dfrac{5}{7}$

$= -2\dfrac{5}{12}$ 。

劉靜老師の解題關鍵：

遇到分數的題目只有加減運算時，

直接先把括號全部拆開就對了。

很好用喔，嘿嘿。

~(￣▽￣)~

觀念解析 **分項對消法**

1. $\dfrac{\text{分母差}}{(\text{大分母}) \times (\text{小分母})} = \dfrac{1}{\text{小分母}} - \dfrac{1}{\text{大分母}}$

2. $\dfrac{1}{(\text{大分母}) \times (\text{小分母})} = \dfrac{1}{\text{分母差}}\left(\dfrac{1}{\text{小分母}} - \dfrac{1}{\text{大分母}}\right)$

EX 1：$\dfrac{1}{2 \times 3} = \dfrac{1}{2} - \dfrac{1}{3}$

EX 2：$\dfrac{1}{5 \times 7} = \dfrac{1}{2}\left(\dfrac{1}{5} - \dfrac{1}{7}\right)$

範例 1

$$\frac{1}{1 \times 2} + \frac{1}{2 \times 3} + \frac{1}{3 \times 4} + \cdots\cdots + \frac{1}{9 \times 10} = \text{?}$$

有嚇到嗎，哈哈。
~(▽)~

範例 2

$$\frac{1}{1 \times 3} + \frac{1}{3 \times 5} + \frac{1}{5 \times 7} + \cdots\cdots + \frac{1}{97 \times 99} = \text{?}$$

再來一題。
~(▽)~

ANS

範例 1 答案

$$原式 = (\frac{1}{1} - \frac{1}{2}) + (\frac{1}{2} - \frac{1}{3}) + (\frac{1}{3} - \frac{1}{4}) + \cdots + (\frac{1}{9} - \frac{1}{10})$$

$$= \frac{1}{1} - \frac{1}{10} = \frac{9}{10} \quad \heartsuit$$

範例 2 答案

$$原式 = \frac{1}{2}(\frac{1}{1} - \frac{1}{3}) + \frac{1}{2}(\frac{1}{3} - \frac{1}{5}) + \frac{1}{2}(\frac{1}{5} - \frac{1}{7}) + \cdots + \frac{1}{2}(\frac{1}{97} - \frac{1}{99})$$

$$= \frac{1}{2}[(\frac{1}{1} - \frac{1}{3}) + (\frac{1}{3} - \frac{1}{5}) + (\frac{1}{5} - \frac{1}{9}) + \cdots + (\frac{1}{97} - \frac{1}{99})]$$

$$= \frac{1}{2}[\frac{1}{1} - \frac{1}{99}] = \frac{1}{2} \cdot \frac{98}{99} = \frac{49}{99} \quad \heartsuit$$

| 觀念解析 | 分數比大小 |

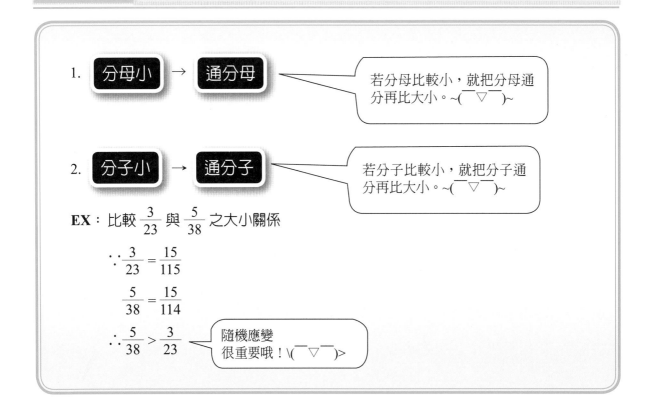

1. 分母小 → 通分母

若分母比較小，就把分母通分再比大小。~(￣▽￣)~

2. 分子小 → 通分子

若分子比較小，就把分子通分再比大小。~(￣▽￣)~

EX：比較 $\dfrac{3}{23}$ 與 $\dfrac{5}{38}$ 之大小關係

$$\because \dfrac{3}{23} = \dfrac{15}{115}$$

$$\dfrac{5}{38} = \dfrac{15}{114}$$

$$\therefore \dfrac{5}{38} > \dfrac{3}{23}$$

隨機應變
很重要哦！\(￣▽￣)>

3. 都很大→通常這類題型，分母與分子的差會相等。

EX1：比較 $\frac{59}{47}$ 與 $\frac{49}{37}$ 之大小關係

$$\frac{59}{47} \quad < \quad \frac{49}{37}$$

$$1 + \frac{12}{47} \qquad 1 + \frac{12}{37}$$

萬一沒有規律，那就只好看旁邊的，哈哈。\\(￣︶￣)>

這句話絕對是開玩笑的，噗。

EX2：比較 $\frac{101}{103}$ 與 $\frac{103}{105}$ 之大小關係

$$\frac{101}{103} \quad < \quad \frac{103}{105}$$

$$1 - \frac{2}{103} \qquad 1 - \frac{2}{105}$$

劉靜老師の解題關鍵

正假分數分子分母同加一正數愈加愈小！（可參考 EX1）

正真分數分子分母同加一正數愈加愈大！（可參考 EX2）

PART 3 指數律

觀念解析 | 指數的基本運算

一、指數的定義：

n 個 ★ 的連乘積記為

$$\bigstar \times \bigstar \times \bigstar \times \cdots \times \bigstar = \bigstar^n$$

n 個

指數

底數

二、指數律：

1. $a^m \cdot a^n = \boxed{a^{m+n}}$ **EX**：$2^{0.1} \cdot 2^{0.2} \cdot {}^{0.3} \cdot {}^{0.4} = 2^{0.1+0.2+0.3+0.4} = 2$

2. $a^m \div a^n = \boxed{a^{m-n}}$ **EX**：$2^5 \div 2^3 = 2^{5-3} = 2^2 = 4$

3. $(a^m)^n = \langle a^{mn} \rangle$ **EX**：$(2^5)^3 = 2^{15}$

4. $a^n \cdot b^n = \langle (ab)^n \rangle$ **EX**：$2^3 \cdot 3^3 = 6^3 = 216$

5. 零指數 $= 1 \Rightarrow a^0 = \langle 1 \rangle$ 注意：0^0 無意義 ~(￣▽￣)~

6. 負指數：變倒數 $\Rightarrow a^{-n} = \left\langle \dfrac{1}{a^n} \right\rangle$

   EX：$2^{-3} = \dfrac{1}{8}$ ；$\dfrac{1}{27} = 3^{-3}$

7. （高中）分數指數：開方根 $\Rightarrow a^{\frac{n}{m}} = \left\langle \sqrt[m]{a^n} \right\rangle$

   EX：$3^{\frac{1}{3}} = \sqrt[3]{3}$ ；$\sqrt[3]{9} = 3^{\frac{2}{3}}$

PART 4 科學記號

觀念解析 ## 科學記號的定義與應用

科學記號：對於很大或很小的數，我們通常會簡記為：

$$a \times 10^n\ (\text{其中 } 1 \leq a < 10，n \text{ 為整數})。$$

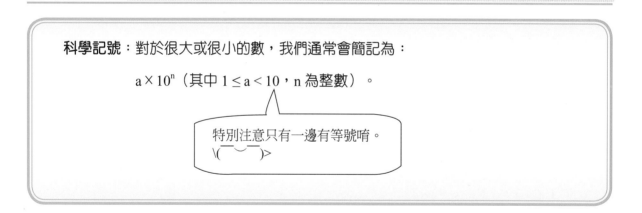

特別注意只有一邊有等號唷。
\\(￣▽￣)>

範例 1

請把 1021000 表示成科學記號。

範例 2

請把 0.01234 表示成科學記號。

ANS

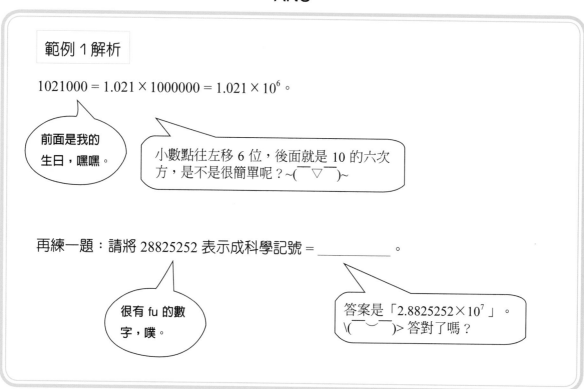

範例 1 解析

$1021000 = 1.021 \times 1000000 = 1.021 \times 10^6$。

前面是我的生日，嘿嘿。

小數點往左移 6 位，後面就是 10 的六次方，是不是很簡單呢？~(￣▽￣)~

再練一題：請將 28825252 表示成科學記號 = ＿＿＿＿＿＿。

很有 fu 的數字，噗。

答案是「2.8825252×10^7」。\(￣︶￣)> 答對了嗎？

範例 2 解析

$0.01234 = 1.234 \times 0.01 = 1.234 \times 10^{-2}$。

小數點往右移 2 位，後面就是 10 的 -2 次方。~(￣▽￣)~

再練一題：請將 0.0000008 表示成科學記號 = _____。

答案是「8×10^{-7}」。
\(￣︶￣)> 答對了嗎？

科學記號の重要性質：

1. 當某數的科學記號為 $a \times 10^n$，若 $a = 1$ 通常省略不寫。

   EX：$100000 = 1 \times 10^5 = 10^5$

2. 零與負數沒有科學記號。

3. 一個大於等於 1 的整數，如：$2.3 \times 10^6 = 2300000$ 為 7 位數。

   寫成科學記號 $a \times 10^n$ 時，此整數為 $n + 1$ 位數。

4. 一個小於 1、大於 0 的數，如：$1.8 \times 10^{-4} = 0.00018$，小數點後第 4 位開始出現有效數字。

   寫成科學記號 $a \times 10^{-n}$ 時，則此數小數點後第 n 位開始不為 0（即小數點後第 n 位開始出現有效數字）。

觀念解析　科學記號的運算

加法：$(6.8 \times 10^{-6}) + (7.2 \times 10^{-7}) =$ 【　　】

> 把10の次方
> 先弄成一樣即可哦！
> ~(￣▽￣)~

【解】原式 $= (6.8 \times 10^{-6}) + (0.72 \times 10^{-6}) = (6.8 + 0.72) \times 10^{-6}$

$= 7.52 \times 10^{-6}$

減法：$6.8 \times 10^5 - 7.2 \times 10^4 =$ 【　　】

> 把10の次方
> 先弄成一樣即可哦！
> ~(￣▽￣)~

【解】原式 $= 6.8 \times 10^5 - 0.72 \times 10^5$

$= (6.8 - 0.72) \times 10^5$

$= 6.08 \times 10^5$

乘法：$(5 \times 10^5) \times (1.2 \times 10^3) =$ 【　　】

> 直接乘~(￣▽￣)~

【解】原式 $= 6 \times 10^8$

除法：$(2.8 \times 10^9) \div (4 \times 10^6) =$ 【　　】

> 上下可約の就約吧！
> ~(￣▽￣)~

【解】原式 $= \dfrac{2.8 \times 10^9}{4 \times 10^6} = 0.7 \times 10^3 = 7 \times 10^2$

第二篇

因倍數

PART 1 因倍數

因數與倍數

 $= a \times b$

> ★、a、b 三數皆為整數。

1. ★ 是 a、b 的倍數。

2. a、b 是 ★ 的因數。

3. **1** 是任何整數的因數 ⇔ 任何整數皆為 **1** 的倍數。

4. **0** 是任何整數（除了 0）的倍數 ⇔ 任何整數（除了 0）皆是 **0** 的因數。

觀念解析	質數

1. **質數定義**：大於 1 的正整數，除了 **1** 和**本身**以外沒有其他任何正因數。

   EX：2,3,5,7,11,13,17,19,……

2. **質數判別法**：檢驗 ★ 是否為質數

找一質數 P	所有 <P 的質數	皆不能整除
$P^2 > ★$	測試是否整除★	則 P 是質數

   EX：檢驗 127 ⇨ $13^2 > 127$ ⇨ 2, 3, 5, 7, 11, 13 不能整除 127 ⇨ 127 是質數

3. **質數の重要性質**：

   ⑴ 質數有**無限多**個。

   ⑵ 1~50 之間共有 **15** 個質數，1~100 之間共有 **25** 個質數。

   > 自己數數看喲！
   > ~(▽)~

   ⑶ **2** 是唯一為**偶數**的質數，且是**最小的質數**。

觀念解析	合數

合數定義：大於 **1** 且不是質數的正整數，即為合數。

> 最小的合數為 4。
> ~(￣▽￣)~

補充：所謂完全數

一個正整數的所有正因數總和（不含本身）等於本身，即為完全數。

例如，6 的正因數有 1,2,3,6 → 1+2+3=6，所以 6 為完全數。

請你試著找找看下一個比 6 大的完全數為何？

> 找到了嗎？
> 答案是 28。~(￣▽￣)~

觀念解析	質因數標準分解式

(1) **質因數**：既是質數又是某數的因數。

(2) **標準分解式**：將一個數分解成許多質因數由小到大相乘的式子 並以指數型式表示。

　　EX：$60 = \underline{\quad 2^2 \times 3 \times 5 \quad}$ 。

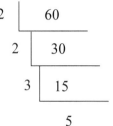

劉靜老師の解題關鍵：

也可直接拆哦~($^-\triangledown^-$)~

EX：$60 = 4 \times 15$（想到什麼就拆什麼）

　　　　　$= 2^2 \times 3 \times 5$（嘻嘻，很快吧！）

觀念解析　倍數判別

1. **2 的倍數**：個位數是 **0、2、4、6、8** 的整數。

2. **3 的倍數**：各數字總和是 **3** 的倍數的整數。

3. **4 的倍數**：末二位為 **00** 或 **4** 的倍數的整數。

4. **5 的倍數**：個位是 **0** 或 **5** 的整數。

5. **9 的倍數**：各數字總和是 **9** 的倍數的整數。

6. **11 的倍數**：**奇位數和**與**偶位數和**的差是 **11** 的倍數的整數。

7. **7 或 13 的倍數**：由右至左，三位一節，**奇位節和**與**偶位節和**的差是 **7** 或 **13** 的倍數的整數。

7.是補充的喲！
\\(￣▽￣)>

觀念解析　閏年判別（補充）

1. 閏年 366 天（2 月有 29 天），平年 365 天。

2. 西元年數 = 民國年數 + **1911**。

3. 判別閏年口訣：（以西元年數判斷）

   逢四一閏、逢百不閏、四百又閏。

   EX：判別下列何者為閏年？

   ★西元 1992 年　（○）。

   ★西元 1800 年　（×）。

   ★西元 2400 年　（○）。

PART 2 最大公因數與最小公倍數

觀念解析 | 最大公因數

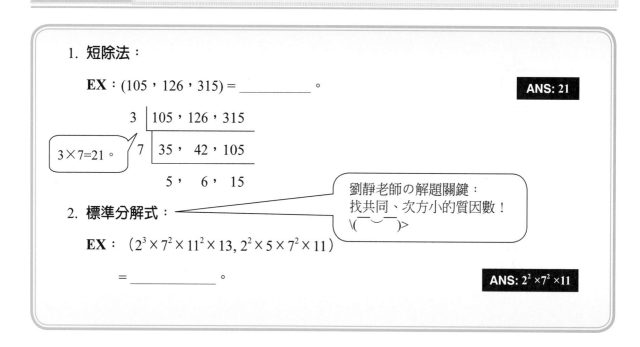

1. 短除法：

   EX：$(105，126，315) = $ ＿＿＿＿＿＿ 。   **ANS: 21**

   $$\begin{array}{r|ccc} 3 & 105， & 126， & 315 \\ 7 & 35， & 42， & 105 \\ \hline & 5， & 6， & 15 \end{array}$$

   $3 \times 7 = 21$ 。

2. 標準分解式：

   劉靜老師の解題關鍵：
   找共同、次方小的質因數！
   \(￣︶￣)>

   EX：$(2^3 \times 7^2 \times 11^2 \times 13, \ 2^2 \times 5 \times 7^2 \times 11)$

   $= $ ＿＿＿＿＿＿ 。   **ANS: $2^2 \times 7^2 \times 11$**

3. **輾轉相除法**：用於數字較大時。（補充）

　　EX：求（312,2275）＝ ＿＿＿＿＿＿＿。

這是高中才會教的方法，如果遇到比較大或是比較不容易看出來要用什麼去除的時候可以偷偷用一下，哈。~(￣▽￣)~（轉圈圈）

劉靜老師輾轉相除法詳細分解圖：

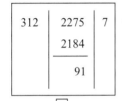

首先，先用大數除以小數，也就是 2275÷312。\(￣︶￣)> 餘數寫在下方。

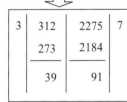

繼續用大數除以小數，也就是 312÷91。\(￣︶￣)>

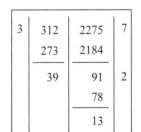

等到餘數出現 0 就完成啦。o(^▽^)o（YA!）答案為 13

觀念解析　最小公倍數

1. 短除法：

   EX：[105，126，315] = ＿＿＿＿ 。

   ANS: 630

   $$\begin{array}{r|ccc} 3 & 105, & 126, & 315 \\ 7 & 35, & 42, & 105 \\ 3 & 5, & 6, & 15 \\ 5 & 5, & 2, & 5 \\ & 1, & 2, & 1 \end{array}$$

   劉靜老師小叮嚀：
   只要有兩個數字還可以除，
   就要繼續除唷！

   完成！
   外圍那圈全部乘起來 =
   $3 \times 7 \times 3 \times 5 \times 2 = 630$。

2. 標準分解式：

   EX：$[2^3 \times 7^2 \times 11^2 \times 13, 2^2 \times 5 \times 7^2 \times 11]$

   劉靜老師必殺技：
   質因數全上、次方大！\\(￣︶￣)>

   = ＿＿＿＿＿＿＿＿＿ 。

   ANS: $2^3 \times 5 \times 7^2 \times 11^2 \times 13$

範例 1

共有_____個正整數 n，使得 $\dfrac{1}{n} + \dfrac{2}{n} + \dfrac{3}{n} + \cdots + \dfrac{10}{n}$ 為整數。

ANS

範例 1 解析

$\dfrac{1}{n} + \dfrac{2}{n} + \cdots + \dfrac{10}{n} = \dfrac{55}{n}$ 為整數

故 n 為 55 的正因數 ⇨ n = 1、5、11、55，共四個。

ANS: 4

第三篇

一元一次方程式

PART 1 以符號代表數

觀念解析	代數的精神

在解決數學問題的過程中，我們常用文字或符號來代表未知數。

EX：三年前，小 Q 比的年紀是啵啵的 $\frac{1}{4}$，如果現在小 Q 比的年紀是 x 歲，那麼啵啵今年是多少歲？

ANS：(4x − 9)歲

PART 2 代數的運算

觀念解析 一元一次式代數的運算

1. 利用四則運算化簡之原理，再合併同類項。

基本題型：$6b - (2b - 8) - [-3 + 2(b + 5) - 12b]$

不能算錯喔。
~(▽)~

$$= 6b - 2b + 8 - [-3 + 2b + 10 - 12b]$$

$$= 4b + 8 - [-10b + 7]$$

$$= 4b + 8 + 10b - 7$$

$$= 14b + 1$$

ANS: $14b + 1$

2. 代入求值：

基本題型：當 $x = -3$ 時，$-x^2(x-3)(2x+1)$ 的值為何？

不能算錯喔。
~(▽)~

直接代入即可。
~(▽)~

$$- (-3)^2(-3-3)(-6+1)$$

$$= -9 \cdot (-6)(-5)$$

$$= -270$$

注意 $-x^2$，
先平方再取負~(▽)~

ANS: -270

3. 係數：指各項中**數字**部分。

   EX：$3x - y + 8$

   x 的係數是_____、y 的係數是_____、常數項是_____。

   3

   −1

   8

範例 1

已知 $A = 3x - 5$，$B = -x + 2$，$C = 4x - 1$，則：

(1) $2A - 3B + C =$ _____。

(2) $\dfrac{3A}{4} - \dfrac{2B}{3} - \dfrac{C}{6} =$ _____。

(3) $A - \{2B - [3C + 4(A - B) - (3C - 4B)]\} =$ _____。

> 算的時候要小心負括號，加油。
> ~(￣▽￣)~

ANS

範例 1 答案

(1) $13x - 17$；(2) $\dfrac{9}{4}x - \dfrac{59}{12}$；(3) $17x - 29$

PART 3 一元一次方程式與應用問題

| 觀念解析 | 一元一次方程式 |

1. 意義：一等式只含**一個不定元且次方為一次**。

2. 解一元一次方程式原則：利用等量公理。

> 不定元在這裡指の就是未知數，but 不定元比較專業。~(￣▽￣)~(嘿)

| 觀念解析 | 一元一次方程式解的形式 |

當 $ax = b$ 時

1. $a \neq 0$，則 $x = \dfrac{b}{a}$，方程式有唯一解。　　EX：$2x = 3 \Rightarrow x = \dfrac{3}{2}$

2. $a = b = 0$，則 x 為任意數，方程式有無限多解。　　EX：$0x = 0 \Rightarrow x$ 為任意數

3. $a = 0$、$b \neq 0$，則**方程式無解**。　　EX：$0x = 3 \Rightarrow x$ 無解

範例 1

解方程式 $3(2x+3)-5[2x+2(x-2)]=1$，則 $x=$？

基本題喔。
~(▽)~

範例 2

$2(y-8)-\dfrac{1}{6}[\dfrac{3}{2}(y-8)+3y]=\dfrac{1}{4}(5y-16)-10$，$y=$ _____ 。

考驗一下細心度
~(▽)~

範例 3

若方程式 $(-m-7)x+15=-2nx+3n$ 有無限多解，則 $m=$？$n=$？

ANS

範例 1 答案

2

範例 2 答案

無限多解

範例 3 答案

$m = 3$，$n = 5$

觀念解析　解一元一次方程式應用問題

1. 設未知數 〉 2. 列方程式 〉 3. 解方程式 〉 4. 驗算作答

範例 1

小 Q 比帶若干元到市場買水果，如果買 2 斤狗飼料會剩下 40 元，如果買 4 斤則不足 20 元，則買 3 斤狗飼料應該剩下多少錢？

範例 2

拉拉熊跟貝果兩人從相距 35 公里的兩地同時相向而行，拉拉熊每小時走 5 公里，貝果每小時走 4 公里，如果拉拉熊在途中休息 2 小時，則請問幾小時後兩人相遇？

範例 3

右圖的方格中，請填入適當的數字，使得每行、每列以及對角線上的數字和是相同的，則★的值為何？

16		14
★		15
12		

ANS

範例1答案

剩下 10 元

範例2答案

5 小時

範例3答案

11

第四篇

二元一次方程式

PART 1 二元一次方程式

觀念解析 二元一次聯立方程式

將兩個「二元一次方程式」併列，稱為二元一次聯立方程式。

EX：$\begin{cases} x - 2y = 1 \\ 3x + 2y = 11 \end{cases}$

觀念解析 二元一次方程式的解

一個二元一次方程式有「無限多」解。 — 很重要喔！

EX：$x + 2y = 5$ 的解有 $(1, 2)$、$(3, 1)$、$(-1, 3)$ ……。

PART 2 解二元一次方程式

| 觀念解析 | 解二元一次聯立方程式——代入消去法 |

EX： $\begin{cases} x + 3y = 7 \\ 5x - 2y = 1 \end{cases}$

> 要用 y 也可以。
> ~(▽)~

步驟 1：由上式得知 $x = 7 - 3y$

步驟 2：將 $x = 7 - 3y$ 代入 $5x - 2y = 1$

> 答案即為 $x = 1$，$y = 2$。
> 特別注意將聯立解代入原來的兩個方程式，
> 兩方程式必須均成立唷。~(▽)~

$\Rightarrow 5(7 - 3y) - 2y = 1$

步驟 3：解出 $y = 2$

步驟 4：則 $x = 7 - 3 \cdot 2 = 1$

觀念解析 解二元一次聯立方程式──加減消去法

EX：$\begin{cases} x + 3y = 7 \\ 5x - 2y = 1 \end{cases}$

步驟 1：將上式乘以 2，下式乘以 3。得 $\begin{cases} 2x + 6y = 14 \\ 15x - 6y = 3 \end{cases}$

步驟 2：兩式相加 $\Rightarrow 17x = 17 \Rightarrow x = 1$

步驟 3：$x = 1$ 代入 $x + 3y = 7$　解 y

步驟 4：$y = 2$

| 觀念解析 | 特殊方程式解法 |

1. $|A| + |B| = 0 \Rightarrow \begin{cases} A = 0 \\ B = 0 \end{cases}$

     EX：$|3x + 2y - 7| + |5x - 3y + 8| = 0$

         $\Rightarrow \begin{cases} 3x + 2y - 7 = 0 \\ 5x - 3y + 8 = 0 \end{cases}$

2. $A^2 + B^2 = 0 \Rightarrow \begin{cases} A = 0 \\ B = 0 \end{cases}$

     EX：$(3x + 2y - 7)^2 + (5x - 3y + 7)^2 = 0$

         $\Rightarrow \begin{cases} 3x + 2y - 7 = 0 \\ 5x - 3y + 7 = 0 \end{cases}$

3. $A = B = C \Rightarrow \begin{cases} A = B \\ B = C \end{cases}$ 或 $\Rightarrow \begin{cases} A = C \\ B = C \end{cases}$

     選一個做，~~($\overline{\triangledown}$)~

     EX：$3x + 2y - 7 = 5x - 3y + 7 = 2x + y + 1$

         $\Rightarrow \begin{cases} 3x + 2y - 7 = 5x - 3y + 7 \\ 5x - 3y + 7 = 2x + y + 1 \end{cases}$

4. x，y 係數很大且交錯對稱：

     EX：$\begin{cases} 101x - 99y = 302 \\ 99x - 101y = 298 \end{cases}$

兩式相加 $\Rightarrow 200x - 200y = 600 \Rightarrow \begin{cases} x - y = 3 \\ x + y = 2 \end{cases} \Rightarrow \begin{cases} x = \dfrac{5}{2} \\ y = -\dfrac{1}{2} \end{cases}$

兩式相減 $\Rightarrow 2x + 2y = 4$

範例 1

如左下圖，5＋2＝7，表示左右相鄰兩數的和等於其中間上方的數，試求右下圖中的 a＋b＝_____。

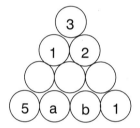

範例 2

舊書義賣會中，小說類書籍一本 50 元，漫畫書籍類一本 30 元。小倫只在這兩類書籍中挑了 8 本書，阿芙也只在這兩類書籍中挑了 6 本書。付帳時，小倫比阿芙多付了 40 元，請問小倫比阿芙多買了幾本漫畫書？

範例 3

哥哥與弟弟各有數張球員卡。已知哥哥給弟弟 10 張後，兩人的張數就一樣多，
若弟弟給哥哥 10 張後，哥哥的張數是弟弟的 4 倍。請問弟弟原有幾張球員卡？
（假設哥哥原有 x 張球員卡，弟弟原有 y 張球員卡）。

ANS

範例 1 答案

－1

範例 2 答案

3

範例 3 答案

無解

第五篇

直角座標與直線方程式

PART 1 直角座標

觀念解析 **直角座標系**

定義：水平與鉛垂數線垂直於平面所構成之座標系。

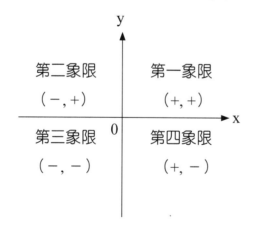

第二象限 $(-, +)$　第一象限 $(+, +)$

第三象限 $(-, -)$　第四象限 $(+, -)$

劉靜老師の提醒：x，y 軸上的點不屬於任何象限。（要記住喔！）

平面上一點到兩軸距離

平面一點 P(a, b) 到 x 軸之距離為 $|b|$，P 點到 y 軸之距離為 $|a|$。

基本題型：P(−4, 3) 到 x 軸之距離為 **3**，P 點到 y 軸之距離為 **4**。

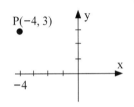

觀念解析 **直角座標上兩點中點座標與兩點距離**

1. **中點座標求法**：相加除以 2。

2. **兩點距離求法**：$\sqrt{(x座標相減)^2 + (y座標相減)^2}$。

   EX 1：求 (−4, 3) 與 (3, 8) 中點座標。 $\Rightarrow$ $(\dfrac{-4+3}{2}, \dfrac{3+8}{2})$。

   EX 2：求 (−4, 3) 與 (3, 8) 兩點距離。 $\Rightarrow$ $\sqrt{(-4-3)^2 + (3-8)^2}$。

PART 2 直線方程式

觀念解析　畫出直線方程式圖形

1. 二元一次方程式：圖形為　一斜直線　。

2. 直線上每一個點均為　方程式的解　。

★ 一個二元一次方程式有無限多個解。

EX：$2x + y = 5$

WAY：找出直線與兩軸交點

因為直線上有無限多個點。~(¯▽¯)~

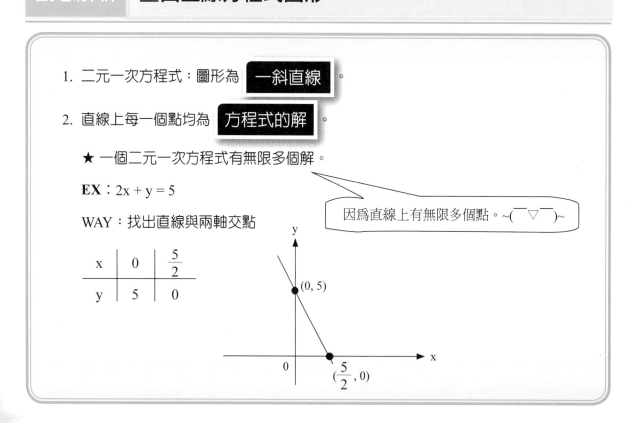

x	0	$\dfrac{5}{2}$
y	5	0

觀念解析 ## 已知兩點求直線方程式

設 $y = ax + b$ ➡ 兩點代入 解出 a、b ➡ 完成

EX：已知 $A(-4, 3)$，$B(3, 8)$，求兩點之直線方程式。

WAY1：

設 $y = ax + b$ ⇨ 將$(-4, 3)$，$(3, 8)$代入 ⇨ $\begin{cases} -4a + b = 3 \\ 3a + b = 8 \end{cases}$ ⇨ $\begin{cases} a = \dfrac{5}{7} \\ b = \dfrac{41}{7} \end{cases}$ ⇨ $y = \dfrac{5}{7}x + \dfrac{41}{7}$

WAY2：

（東京甩尾）

速解法：
$(3, 8)$
$(-4, 3)$

⇨ $5x - 7y = -41$

$\boxed{8 - 3}$ $\boxed{-4 - 3}$

是不是很快呀？

代入點得知

觀念解析

1. 水平線：$y = k$（k 是實數）。

2. 鉛直線：$x = k$（k 是實數）。

3. 過原點之直線：$y = ax$（a 是實數）。

4. X 軸：$y = 0$。

5. Y 軸：$x = 0$。

★ 與兩軸不能圍成三角形面積之直線可能為 垂直 x 軸 或 垂直 y 軸 或

通過原點 。

觀念解析 　兩直線的關係

$\heartsuit$ 若 $\begin{cases} a_1x + b_1y = c_1 \\ a_2x + b_2y = c_2 \end{cases}$

（條件）　　　　　　（聯立解）　　　　　　（圖形）

★ $\dfrac{a_1}{a_2} \neq \dfrac{b_1}{b_2}$ 　　$\Rightarrow$ 恰有一解　　　$\Rightarrow$ 兩直線交於一點

★ $\dfrac{a_1}{a_2} = \dfrac{b_1}{b_2} \neq \dfrac{c_1}{c_2}$ 　$\Rightarrow$ 無解　　　　　$\Rightarrow$ 兩直線平行

★ $\dfrac{a_1}{a_2} = \dfrac{b_1}{b_2} = \dfrac{c_1}{c_2}$ 　$\Rightarrow$ 無限多解　　　$\Rightarrow$ 兩直線重合

EX：一直線通過點 $(4, -2)$ 且與直線 $3x - 2y + 6 = 0$ 平行，則此直線方程式為

_____ 。

ANS: $3x - 2y - 16 = 0$

第六篇

比與比例式

PART 1 比例式

觀念解析　比與比值

1. 比 $a : b$（其中 $b \neq 0$）

2. 比值 $\dfrac{a}{b}$

3. 比例式 $\overparen{a : b = x : y}$（內項乘積等於外項乘積，即 $bx = ay$）

觀念解析　比例中項

若 $a : b = b : c$，則稱 **b** 為 a、c 之比例中項。

$\Rightarrow b^2 = \mathbf{ac}$，$\Rightarrow b = \boxed{\pm\sqrt{ac}}$（$a$、$c$ 需為同號數）

PART 2 連比

觀念解析 連比

1. 兩個數以上的比稱為連比，如 $x:y:z$
2. 若 $x:y:z = a:b:c$，可利用假設法解題，
   即設：$x = ar$　$y = br$，$z = cr$。$(r \neq 0)$

觀念解析 連比重要題型

EX1. 若 $a:b = 1:2$，$b:c = 5:3$，求 $a:b:c$。

〈Sol〉
$$
\begin{array}{ccc}
a:b:c & & a:b:c \\
1:2 & \Rightarrow & 5:10 \\
\underline{\quad 5:3} & & \underline{\quad 10:6} \\
& & 5:10:6
\end{array}
$$

EX2. $4x : 3y = 1 : 2$，$3y : 2z = 2 : 3$，

求 $x : y : z$。

〈Sol〉先算 $x : y$、$y : z \Rightarrow x : y = \dfrac{1}{4} : \dfrac{2}{3} = 3 : 8$

$$\Rightarrow y : z = \dfrac{2}{3} : \dfrac{3}{2} = 4 : 9$$

$$\Rightarrow \quad \begin{array}{c} x : y : z \\ 3 : 8 \\ 4 : 9 \\ \hline \end{array} \quad \Rightarrow \quad \begin{array}{c} x : y : z \\ 3 : 8 \\ 8 : 18 \\ \hline 3 : 8 : 18 \end{array}$$

觀念解析　解題關鍵

若將 M 分成 $a : b : c$ 三部分，則三部分各為？

EX：將 56 分成 $1 : 3 : 4$ 三部分

共需切割成 $1 + 3 + 4 = 8$ 份　∴每份 $\dfrac{56}{8} = 7$

$\Rightarrow$ 三份為 $7 \times 1 : 7 \times 3 : 7 \times 4$

PART 3 正反比

觀念解析 　反比

一個比的反比，即為各數之倒數比。

★ a：b 之反比 ＝ $\dfrac{1}{a}：\dfrac{1}{b}$ ＝ b：a 。 〔顛倒〕

★ a：b：c 之反比 ＝ $\dfrac{1}{a}：\dfrac{1}{b}：\dfrac{1}{c}$ ＝ bc：ac：ab 。

注意勿將 1：2：3 之反比寫成 3：2：1，正確為 $\dfrac{1}{1}：\dfrac{1}{2}：\dfrac{1}{3} = 6：3：2$

觀念解析　正比與反比重要觀念

1. 若 a 與 b 成正比，則：$\dfrac{a}{b}$ = 定值

2. 若 a 與 b 成反比，則：ab = 定值

劉靜老師的解題關鍵：

「反乘正除」

範例 1

設某種寶石的價格與其重量的平方成正比。今某人有此種寶石一塊價值 16000 元，某日不慎摔裂成兩塊，若此兩小塊的重量為 2：3，則此人損失多少元？

範例 2

若 $\dfrac{1}{3x-1}$ 與 $\dfrac{1}{2y-5}$ 成反比，而且當 $x = \dfrac{4}{3}$ 時，y = 2，則當 y = 1 時，x = ？

ANS

範例 1 答案

損失了 7680 元

解析：設原來的寶石的重量為 x 公克，則裂成兩塊的重量分別為 $\frac{2}{5}$x、$\frac{3}{5}$x 公克，

$$16000 \times (1 - \frac{4}{25} - \frac{9}{25}) = 7680$$

故損失了 7680 元

範例 2 答案

$\frac{2}{3}$

解析：$\because \frac{1}{3x-1}$ 與 $\frac{1}{2y-5}$ 成反比 $\Rightarrow$ 相乘為定值。

$\Rightarrow$ 令 $(3x-1)(2y-5) = k \Rightarrow$ 將 $x = \frac{4}{3}$，$y = 2$ 代入得 $k = -3$

$\Rightarrow (3x-1)(2y-5) = -3$

$y = 1$ 代入得 $(3x-1)(-3) = -3$ $\quad \therefore x = \frac{2}{3}$

第七篇

線型函數

PART 1 線型函數

觀念解析　函數的意義

在一個 x、y 的關係式中，對任意一個 x 值恆有一個 y 值與其對應，即 y 是 x 的函數，記為 $y = f(x)$ 或 $y = g(x)$…（函數可視為一種關係式）。

EX：$y = 3x + 8$ 寫成 $f(x) = 3x + 8$

（★PS：x 稱為自變數，y 稱為應變數）

觀念解析　函數值

若 $x = a$ 時，則 **f(a)** 稱為函數值。

EX:　$f(x) = 3x^2 + 3$，求 $f(-5)$ 之函數值。

ANS: 78

觀念解析　利用對應關係判別是否為函數關係

$y = f(x)$ 中，一數 x 與其對應值 y。

   x ⇨ y　　是否為函數

1. 1 ⇨ 1　　　　○

2. 多 ⇨ 1　　　　○

3. 1 ⇨ 多　　　　✗

4. 1 ⇨ 無　　　　✗

（1、多、無代表 x、y 值的個數）

PART 2 線型函數的圖形

觀念解析 函數圖形

在座標平面上，若合於 $y = f(x)$ 之 $(x，y)$ 的點描繪所得的圖形。

EX：$y = f(x) = 2x + 3$

x	0	1	2	$\cdots$
$y = f(x)$	3	5	7	$\cdots$

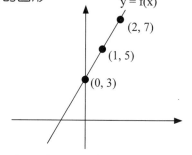

觀念解析　線型函數

1. **線型函數**：函數圖形為**一直線**。

2. **標準型**：$y = f(x) = ax + b$（a、b 為常數）

條件	函數關係	圖形	函數名稱
$a \neq 0, b \neq 0$	$f(x) = ax + b$	斜直線	① 線型函數 ② 一次函數
$a \neq 0, b = 0$	$f(x) = ax$	過原點斜直線	① 線型函數 ② 一次函數
$a = 0, b \neq 0$	$f(x) = b$	平行 x 軸直線	① 線型函數 ② 常數函數 ③ 零次函數
$a = 0, b = 0$	$f(x) = 0$	x 軸	① 線型函數 ② 常數函數 ③ 零函數

★ 常數函數包括：1. 零次函數：例如 $f(x) = 2$，$f(x) = -3$

　　　　　　　　2. 零函數：$f(x) = 0$

觀念解析	函數圖形的判別

作一**垂直** x 軸之直線，若與圖形**最多**只有 **1** 交點則為函數圖形。

EX：

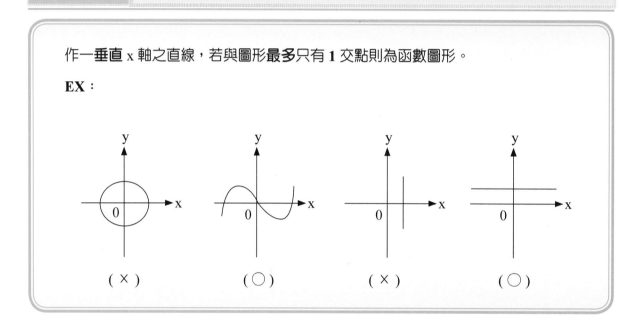

範例 1

附圖為小美影印資料時剩下張數和時間的關係圖。利用圖中所提供的數據，推估小美在 9：00 時影印的情形是下列哪一種？ 【基測】

(A)來不及印完　(B)剛好印完　(C)提前一分鐘印完　(D)提前半分鐘印完。

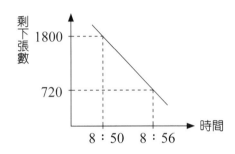

範例 2

已知 $ab > 0$，下列哪一個選項可能為方程式 $x + ay = b$ 的圖形？ 【基測】

(A) 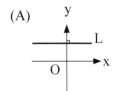　　(B) 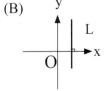　　(C) 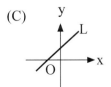　　(D)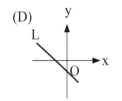

ANS

範例 1 答案

(B)

⑴ 正規解法：設時間為 x，剩下張數為 y，直線方程式為 $y = ax + b$

將（50，1800）、（56，720）兩點代入可得

$$\Rightarrow \begin{cases} 50a + b = 1800 \cdots\cdots ① \\ 56a + b = 720 \cdots\cdots ② \end{cases}$$

②－①得 $6a = -1080$，$a = -180$

代入①得 $1800 = -9000 + b$，$b = 10800$ ∴ $y = -180x + 10800$

當 $x = 60$ 時，$x = -180 \times 60 + 10800 = 0$ ∴ 剛好印完

⑵ **劉靜老師速解：由圖可知六分鐘可印 1800－720=1080 張，故四分鐘可印 720 張，剛好印完。**

範例 2 答案

(C)

(1) 正規解法：x + ay = b

x	0	b
y	$\frac{b}{a}$	0

　　找出直線與兩軸交點為 $\left(0, \frac{b}{a}\right)$、$(b, 0)$，又 $ab > 0$ 可知 a、b 同號，則

① 若 $a > 0$，$b > 0 \Rightarrow \frac{b}{a} > 0$，故圖形為

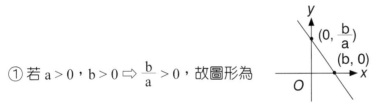

② 若 $a < 0$，$b < 0 \Rightarrow \frac{b}{a} > 0$，故圖形為

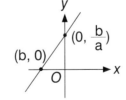

(2) **劉靜老師速解：x + ay = b 當 x = 0 時，$y = \frac{b}{a}$ 因 a、b 同號故為正數，選 (C)。**

第八篇

不等式

PART 1 不等式

觀念解析 | 不等式

1. 式子中出現符號「$>$、$<$、$\geq$、$\leq$、$\neq$」，即稱為**不等式**。

2. 不等式中，若把某數（或某組數）代入不等式可使得不等式成立，即為此不等式的解。

　　EX：⑴ $2x + 5 \geq 3$（稱為一元一次不等式）

　　　　　⑵ $5x - 6y > 8$（稱為二元一次不等式）

　　　　　⑶ $4x^2 - 3x - 1 < 2x + 3$（稱為一元二次不等式）

　　　　　⑷ $|3x - 1| \leq 4$（稱為絕對值不等式）

觀念解析	不等號轉換

觀念解析	解一元一次不等式

1. **解不等式重要關鍵：**

   不等式兩邊同乘以或除以正數，符號不變。不等式兩邊同乘以或除以負數，符號改變方向。

2. **一元一次不等式的圖形**

   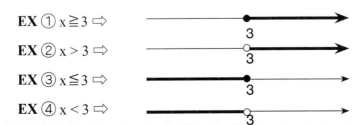

   EX ① $x \geqq 3 \Rightarrow$

   EX ② $x > 3 \Rightarrow$

   EX ③ $x \leqq 3 \Rightarrow$

   EX ④ $x < 3 \Rightarrow$

觀念解析　絕對值不等式

★ 去絕對值的口訣：小於游內，大於游外。

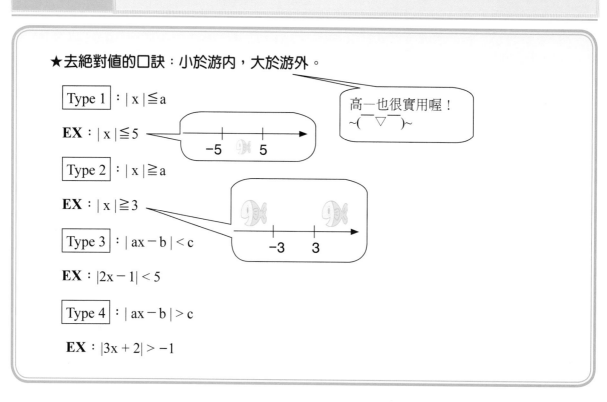

Type 1 ： | x |≦a

高一也很實用喔！
~(￣▽￣)~

EX ： | x |≦5

−5　　5

Type 2 ： | x |≧a

EX ： | x |≧3

Type 3 ： | ax − b |＜c

−3　　3

EX ： |2x − 1|＜5

Type 4 ： | ax − b |＞c

EX ： |3x + 2|＞−1

Type 1 ：$|x| \leq a \Rightarrow -a \leq x \leq a$

EX：$|x| \leq 5 \Rightarrow -5 \leq x \leq 5$

$$\xrightarrow{\hspace{3cm}}$$
$$-5 \qquad 5$$

Type 2 ：$|x| \geq a \Rightarrow x \geq a \text{ or } x \leq -a$

EX：$|x| \geq 3 \Rightarrow x \geq 3 \text{ or } x \leq -3$

$$\xrightarrow{\hspace{3cm}}$$
$$-3 \qquad 3$$

Type 3 ：$|ax - b| < c$

EX：$|2x + 3| < 1 \Rightarrow -1 < 2x + 3 < 1 \Rightarrow -2 < x < -1$

Type 4 ： $|ax - b| > c$

EX：$|2x - 1| > 3 \Rightarrow 2x - 1 > 3 \text{ 或 } 2x - 1 < -3 \Rightarrow x > 2 \text{ 或 } x < -1$

第九篇

乘法公式與多項式

PART 1 乘法公式

觀念解析 乘法公式

1. 和の平方 $(a + b)^2 = a^2 + 2ab + b^2$ 。

2. 差の平方 $(a - b)^2 = a^2 - 2ab + b^2$ 。

3. 平方差 $a^2 - b^2 = (a + b)(a - b)$ 。

4. 三數和の平方 $(a + b + c)^2 = a^2 + b^2 + c^2 + 2(ab + bc + ac)$ 。

補充：和の立方 $(a + b)^3 = a^3 + 3a^2b + 3ab^2 + b^3$

　　　差の立方 $(a - b)^3 = a^3 - 3a^2b + 3ab^2 - b^3$

　　　立方和 $a^3 + b^3 = (a + b)^3 - 3ab(a + b) = (a + b)(a^2 - ab + b^2)$

　　　立方差 $a^3 - b^3 = (a - b)^3 + 3ab(a - b) = (a - b)(a^2 + ab + b^2)$

觀念解析 乘法公式の應用

1. $a^2 + b^2 = (a + b)^2 - 2ab$。

2. $a^2 + b^2 = (a - b)^2 + 2ab$。

3. $(a + b)^2 = (a - b)^2 + 4ab$。

4. $(a - b)^2 = (a + b)^2 - 4ab$。

解題很好用哦！~(‾▽‾)~

範例 1

已知 $a - b = 7$，$ab = 12$，試求：

(1) $a^2 + b^2 = $【　　　　】。

(2) $(a + b)^2 = $【　　　　】。

ANS: (1) **73**；(2) **97**

範例 2

若 $x + y - 3 = 0$，則 $3x^2 + 6xy + 3y^2 - 4x - 4y + 3$ 之值為何？【　　　　】。

ANS: 18

PART 2 多項式與其加減

觀念解析 多項式的定義

指有限個不定元（即為未知數），且不定元不得出現在：

分母、**絕對值**、**指數**、**根號**、**高斯符號** 中的代數式。

EX：$-3x^3 + 8x^2 - 2$。

★. 一元三次多項式   ★. 共有 3 項。

★. x^3 的係數為 -3 ★. x^2 的係數為 8。

★. x 的係數為 0   ★. 常數項為 -2。

觀念解析　常數多項式

常數多項式
- 零次多項式　　**EX**：$f(x) =$ 非零常數
- 零多項式　　　**EX**：$f(x) = 0$（只能是 0）

觀念解析　多項式の排列

1. **降冪排列**：次數由大到小。EX：$5x^3 - 3x^2 + x - 5$。

2. **升冪排列**：次數由小到大。EX：$3 - 2x^2 + 3x^3 - 4x^4$。

觀念解析　多項式的加減

多項式加減運算關鍵：合併同類項。（未知數相同，次數相同之項）。

EX：若多項式 $f(x) = 2x^3 - 3x^2 - 5x + 1$，$g(x) = -4x^4 - 3x^2 + 2x - 7$

1. $f(x) + g(x) = $ _____ 。

2. $f(x) - g(x) = $ _____ 。

（答案請降冪排列）

> **1. ANS: $-4x^4 + 2x^3 - 6x^2 - 3x - 6$**

> **2. ANS: $4x^4 + 2x^3 - 7x + 8$**

觀念解析　多項式的次數討論

若多項式 $f(x)$ 為 m 次、多項式 $g(x)$ 為 n 次，則：

1. 當 m > n 時，$f(x) \pm g(x)$ 的次數為 **m** 次。

2. 當 m = n 時，$f(x) \pm g(x)$ 的次數為 **小於或等於 m** 次。（最高次可能抵消）

PART 3 多項式的乘除

觀念解析　多項式的乘法

多項式的乘法：利用分配律展開，再合併同類項。

基本題型 1：$(x - 1)(2x^2 - x + 1) = $ ＿＿＿＿＿＿ 。

　　　〈Sol〉原式 $= 2x^3 - x^2 + x - 2x^2 + x - 1 = 2x^3 - 3x^2 + 2x - 1$

基本題型 2：$(5x^2 + 2)^2 = $ ＿＿＿＿＿＿ 。

　　　〈Sol〉原式 $= (5x^2)^2 + 2 \cdot (5x^2) \cdot 2 + 2^2 = 25x^4 + 20x^2 + 4$

要善用
乘法公式（◯）

基本題型 3：$(9x^2 - 1)(9x^2 + 1) = $ ＿＿＿＿＿＿ 。

　　　〈Sol〉原式 $= (9x^2)^2 - 1^2 = 81x^4 - 1$

基本題型 4：$(1 - x)(1 + x)(1 + x^2)(1 + x^4) = $ ＿＿＿＿＿＿ 。

　　　〈Sol〉原式 $= (1 - x^2)(1 + x^2)(1 + x^4) = (1 - x^4)(1 + x^4) = 1 - x^8$

基本題型 5：已知 $(2x^2 - 3)(ax + b)$ 乘開合併後是 $2x^3 - 2x^2 - 3x + 1$，

求 a、b 之值。

用看的
~($\overline{\nabla}$)~

〈Sol〉注意到 $\begin{cases} 2x^2 \cdot ax = 2x^3 \\ -3 \cdot b = 1 \end{cases} \Rightarrow \begin{cases} a = 1 \\ b = -\dfrac{1}{3} \end{cases}$

基本題型 6：求右圖的周長與面積。

〈Sol〉周長 $= 2[(3x + 4 + 3) + [(x + 2) + 6 + x]] = 10x + 30$

面積 $= (3x)[(x + 2) + 6 + x] - 4 \times 6 - 3 \times 6$

$\qquad = 6x^2 + 24x - 42$

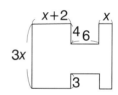

觀念解析　多項式的除法

1. 除法基本定理：　**被除式**　=　**除式**　×　**商式**　+　**餘式**　。

   ★餘式次數　**<**　除式次數。

   也可用分離係數喔
   ~($\overline{\nabla}$)~

2. 多項式除法：WAY1 長除法

   EX：求 $(2x^3 + 3x^2 - x + 9) \div (2x^2 - x + 3)$

   　商式 $x + 2$

   　餘式 $-2x + 3$。

$$
\begin{array}{r}
x + 2 \\
2x^2 - x + 3 \overline{\big)\, 2x^3 + 3x^2 - x + 9} \\
-)\,2x^3 - x^2 + 3x \\
\hline
4x^2 - 4x + 9 \\
-)\,4x^2 - 2x + 6 \\
\hline
-2x + 3
\end{array}
$$

3. 多項式除法：WAY2 綜合除法

高中會學到，有興趣的國中同學可以先學唷。~(¯▽¯)~

EX 1：$(x^2 - 4x + 7) \div (x + 2)$

商式 $x - 6$

餘式 19。

EX 2：求$(9x^2 + 17x + 7) \div (3x + 4)$

商式 $3x + \dfrac{5}{3}$

餘式 $\dfrac{1}{3}$。

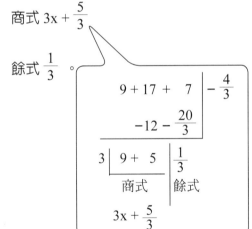

除式ax + b時，商式需除以2xa

STEP 1.

$\boxed{x^2 - 4x + 7}$

令 x + 2 = 0 ⇨ x = −2

$\begin{array}{r} 1 - 4 + 7 \end{array} \big| -2$

STEP 2.

$\begin{array}{r} 1 - 4 + 7 \\ -2 \\ \hline 1 - 6 \end{array} \big| -2$

照抄 相加 乘(-2)

STEP 3.

$\begin{array}{r} 1 - 4 + 7 \\ -2 + 12 \\ \hline 1 - 6 \quad 19 \end{array}$

商式　餘式

| 觀念解析 | 因式定理與餘式定理 |

1. **因式定理**：若 $f(x)$ 可被 $(x-a)$ 整除，則 $f(a) = 0$ 。

2. **餘式定理**：若 $f(x)$ 除以 $(x-a)$，餘式為 R，則 $f(a) = R$ 。

| 觀念解析 | 多項式乘除次數的討論 |

若 $f(x)$ 為 m 次多項式，$g(x)$ 為 n 次多項式，且 $m > n$，則

1. $f(x) \times g(x)$ 為 $m + n$ 次多項式。

   EX：$(\underset{2次}{2x^2 + 1}) \times (\underset{3次}{x^3 - 2}) = \underset{5次}{2x^5 + x^3 - 4x^2 - 2}$

2. $f(x) \div g(x)$ 的商式為 $m - n$ 次多項式。

   EX：$(\underset{3次}{x^3 + x^2 + x + 1}) \div (\underset{2次}{x^2 + x + 1}) = \underset{1次}{x} \cdots\cdots \underset{<2次}{1}$

   餘式為 $< n$ 或 零 多項式。

範例 1

若 $x + 2$ 能整除多項式 $x^3 - 3x^2 + mx + 2$，求 m 值。

ANS

範例 1 答案

-9

解析：Way ①：利用長除法（可分離係數）or 綜合除法

Way ②：利用因式定理

$x = -2$ 代入 $\Rightarrow (-2)^3 - 3(-2)^2 - 2m + 2 = 0$
$\Rightarrow \therefore m = -9$

$$
\begin{array}{r}
1 - 5 + 1 \\
1 + 2 \overline{\smash)\ 1 - 3 + m + 2} \\
\underline{1 + 2} \\
-5 + m + 2 \\
\underline{-5 - 10} \\
(m + 10) + 2 \\
\underline{1 + 2} \\
0
\end{array}
$$

$\therefore m = -9$

第十篇

平方根與畢氏定理

PART 1 平方根與根式的計算

觀念解析	平方根的意義

若 $x^2 = a$，則

1. x 即為 a 的平方根。

2. 每個正數有兩個平方根（一正一負互為相反數）。

3. 0 的平方根為 0。

4. 負數無平方根（負數開平方為虛數）。

觀念解析	開平方 = 開根號 = 取正的平方根

方法：1.直接拆解法　2.質因數標準分解法　3.直立式開平方法。

EX：$\sqrt{68} = \sqrt{4 \times 17} = 2\sqrt{17}$ ♡

觀念解析	重要性質

1. $\sqrt{x^2} = |x|$
2. $\sqrt{x}^2 = x$

劉靜老師の解題關鍵

平方在裡面（$\sqrt{\ }$）⇨ 穿衣服（加絕對值）

平方在外面 ⇨ 直接脫掉根號

觀念解析　完全平方數

$1^2 = \ \ 1$，$6^2 = \ \ 36$，$11^2 = 121$，$16^2 = 256$，$21^2 = 441$，$26^2 = 676$，$31^2 = \ \ 961$

$2^2 = \ \ 4$，$7^2 = \ \ 49$，$12^2 = 144$，$17^2 = 289$，$22^2 = 484$，$27^2 = 729$，$32^2 = 1024$

$3^2 = \ \ 9$，$8^2 = \ \ 64$，$13^2 = 169$，$18^2 = 324$，$23^2 = 529$，$28^2 = 784$，$33^2 = 1089$

$4^2 = 16$，$9^2 = \ \ 81$，$14^2 = 196$，$19^2 = 361$，$24^2 = 576$，$29^2 = 841$，$34^2 = 1156$

$5^2 = 25$，$10^2 = 100$，$15^2 = 225$，$20^2 = 400$，$25^2 = 625$，$30^2 = 900$，$35^2 = 1225$

背起來計算可以變快喔！~(̄▽ ̄)~

觀念解析 十分逼近法

EX：求 $\sqrt{3}$ 的近似值到小數第二位

> 表示要求到第三位再四捨五入喔！
> ~(̄▽ ̄)~

$1^2 = 1$，$2^2 = 4 \Rightarrow 1 < \sqrt{3} < 2$

$1.67^2 = 2.89$，$1.8^2 = 3.24 \Rightarrow 1.7 < \sqrt{3} < 1.8$

$1.73^2 = 2.9929$，$1.74^2 = 3.0276 \Rightarrow 1.73 < \sqrt{3} < 1.74$

$1.732^2 = 2.99982$，$1.733^2 = 3.00329 \Rightarrow 1.732 < \sqrt{3} < 1.733$

$\therefore \sqrt{3} \doteqdot 1.73$　♥

> 也可偷偷用直立式開方
> ~(̄▽ ̄)~（嘿）

觀念解析　平方根基本運算

若 a, b 皆為正數

(1) $\sqrt{a} \times \sqrt{b} = \boxed{\sqrt{ab}}$

若根號內為負數，高中會教到喔！

EX：$\sqrt{-3} = \sqrt{3}\, i$　~($\overline{\ }\triangledown\overline{\ }$)~

EX：$\sqrt{-3} \times \sqrt{-5} = \sqrt{3}\, i \times \sqrt{5}\, i = \sqrt{15}\, i^{2}$
$= -\sqrt{15}$ ♥

(2) $\sqrt{a} \div \sqrt{b} = \boxed{\sqrt{\dfrac{a}{b}}}$ $(b \neq 0)$

☆劉靜老師的提醒：

很多國中生都不知道 $\sqrt{\stackrel{\wedge}{\sim}} = \stackrel{\wedge}{\sim}^{\frac{1}{2}}$ （＝＝|||）（驚）。

要在國中建立完整的概念，高中會比較順喔~($\overline{\ }\triangledown\overline{\ }$)~（加油！）

觀念解析 **分母有理化**

目標：將分母化成有理數。

EX：$\dfrac{1}{\sqrt{2}} = \dfrac{1 \times \sqrt{2}}{\sqrt{2} \times \sqrt{2}} = \dfrac{\sqrt{2}}{2}$

EX：$\dfrac{1}{\sqrt{3} + \sqrt{2}} = \dfrac{1 \times (\sqrt{3} - \sqrt{2})}{(\sqrt{3} + \sqrt{2})(\sqrt{3} - \sqrt{2})} = \dfrac{\sqrt{3} - \sqrt{2}}{(\sqrt{3})^2 - (\sqrt{2})^2} = \dfrac{\sqrt{3} - \sqrt{2}}{3 - 2} = \sqrt{3} - \sqrt{2}$

PART 2 畢氏定理

觀念解析　畢氏定理

1. 畢氏定理：任一直角三角形，**兩股平方和＝斜邊平方**。

   如右圖，即 $\overline{AC}^2 + \overline{BC}^2 = \overline{AB}^2$

2. 斜邊上的高 $= \dfrac{股 \times 股}{斜}$

   $\because \triangle ABC$ 面積 $= \dfrac{1}{2} \times \overline{AC} \times \overline{BC} = \dfrac{1}{2} \times \overline{AB} \times \overline{CD}$

   $\therefore$ 斜邊上的高 $\overline{CD} = \dfrac{\overline{AC} \times \overline{BC}}{\overline{AB}}$

3. 直角 $\triangle$ 三邊長常用邊長比

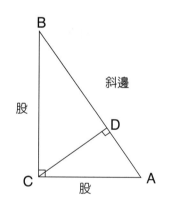

   (1)  3：4：5 　　(2) 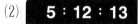 5：12：13 　　(3)  7：24：25

   (4) 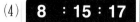 8：15：17 　　(5)  9：40：41 　　(6)  20：21：29 。

   要背喔！～(￣▽￣)＞（奸笑）

觀念解析　特殊直角三角形

1. 三內角為 30°、60°、90° 之直角△，

   對邊比為　$1 : \sqrt{3} : 2$　。

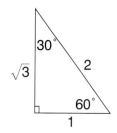

2. 三內角為 45°、45°、90° 之直角△

   對邊比為　$1 : 1 : \sqrt{2}$　。

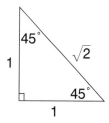

範例 1

附圖中甲、乙為兩張大小不同的 8×8 方格紙,其中兩正方形 PQRS、P'Q'R'S' 分別在兩方格紙上,且各頂點均在格線的交點上。設兩正方形的面積相等,根據圖中兩正方形的位置,求甲、乙兩方格紙的面積比為何? 【99.基測Ⅱ】

(A) 4:5　(B) 9:10　(C) 15:16　(D) 16:17。

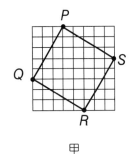

甲

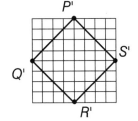

乙

ANS

範例 1 答案

(D)

Way ① 正規解法：設甲方格紙每個小方格的邊長為 a，則甲方格紙的面積為 $64a^2$

$$\overline{PQ} = \sqrt{(3a)^2 + (5a)^2} = \sqrt{34}a$$

正方形 PQRS 的面積為 $\overline{PQ}^2 = (\sqrt{34}a)^2 = 34a^2$

設乙方格紙每個小方格的邊長為 b，則乙方格紙的面積為 $64b^2$

$$\overline{P'Q'} = \sqrt{(4b)^2 + (4b)^2} = \sqrt{32}b$$

正方形 P'Q'R'S' 的面積為 $\overline{P'Q'}^2 = (\sqrt{32}b)^2 = 32b^2$

$34a^2 = 32b^2 \Rightarrow a^2 = \dfrac{32}{34}b^2$

故甲面積：乙面積 $= 64a^2 : 64b^2 = (64 \times \dfrac{32}{34}b^2) : 64b^2 = 16 : 17$

Way ② 劉靜老師解法：因正方形面積為邊長平方，故以 $\overline{PQ}$ 與 $\overline{P'Q'}$ 為斜邊的直

角三角形：

$3^2 + 5^2 = 34$

$4^2 + 4^2 = 32$

$32 : 34 = 16 : 17$

第十一篇

因式分解

PART 1 因倍式與因式分解──
提分因式與分組分解

觀念解析　因式分解的定義

因式分解定義：將一個非零的多項式分解成數個一次多項式相乘的式子，即為因式分解。

EX：$x^2 - 2x - 3 = (x - 3)(x + 1)$。 目測即可~(￣▽￣)~

觀念解析　因式與倍式

EX：若 $4x^2 + 8x + 3 = (2x + 1)(2x + 3)$ 可知下列哪些是 $4x^2 + 8x + 3$ 的因式？

(A) $2x + 1$　(B) $2x + 3$　(C) $4x^2 + 8x + 3$　(D) 2018　**ANS: ABCD**

觀念解析 因式分解 WAY1：提公因式

EX 1：因式分解 $3bx^2 + 6bx$　　　無論如何，先看有沒有公因式~(￣▽￣)~

〈Sol〉原式 $= 3bx(x + 2)$

EX 2：因式分解 $(2x + 5)^2(x + 7)^3 - (2x + 5)^3(x + 7)^2$

〈Sol〉原式 $= (2x + 5)^2(x + 7)^2[(x + 7) - (2x + 5)]$

$= (2x + 5)^2(x + 7)^2(-x + 2)$

觀念解析 因式分解 WAY2：分組分解

EX 1：因式分解 $ac + ad + bc + bd$

〈Sol〉原式 $= a(c + d) + b(c + d) = (a + b)(c + d)$

EX 2：因式分解 $ax + ay + az + bx + by + bz$

〈Sol〉原式 $= a(x + y + z) + b(x + y + z)$

$= (a + b)(x + y + z)$

PART 2 因式分解——乘法公式

觀念解析 **因式分解 WAY3：利用乘法公式**

EX 1：因式分解 $4x^2 - 1$

〈Sol〉原式 $= (2x)^2 - 1^2 = (2x + 1)(2x - 1)$　♡

EX 2：因式分解 $(3x + 2)^2 - 121$

〈Sol〉原式 $= (3x + 2)^2 - 11^2 = [(3x + 2) + 11][(3x + 2) - 11]$　♡

EX 3：因式分解 $81(6x - 5)^2 + 36(6x - 5) + 4$

〈Sol〉原式 $= [9(6x - 5)]^2 + 2 \cdot [9(6x - 4)] \cdot 2 + 2^2$

$= (54x - 45 + 2)^2 = (54x - 43)^2$　♡

範例 1

因式分解 $x^8 - y^8$

範例 2

因式分解 $4(x-3)^2 + 4(x-3)(2x+1) + (2x+1)^2$

範例 3

因式分解 $x^4 + 4$

ANS

範例 1 答案

$(x^4 + y^4)(x^2 + y^2)(x+y)(x-y)$

範例 2 答案

$(4x-5)^2$

範例 3 答案

$(x^2 - 2x + 2)(x^2 + 2x + 2)$

PART 3 因式分解──十字交乘

觀念解析 因式分解 WAY4：十字交乘

◆ 十字交乘法之原則（二次三項式降冪排列）：

1. 將二次項拆成兩同次項。

2. 將常數項拆成兩數相乘。

3. 交叉相乘之和得中間項。

EX 1：因式分解 $2x^2 + 5x + 2$

$$2x \quad\times\quad 1$$
$$x \qquad\quad 2$$

ANS: $(2x + 1)(x + 2)$

EX 2：因式分解 $2(x-5)^2 + 3(x-5) + 1$

$$2(x-5) \quad 1$$
$$\times$$
$$(x-5) \qquad 1$$

ANS: $(2x - 9)(x - 4)$

EX 3：因式分解 $9x^4 - 35x^2 - 4$

$$9x^2 \quad\times\quad 1$$
$$x^2 \qquad\quad -4$$

ANS: $(9x^2 + 1)(x + 2)(x - 2)$

第十二篇

一元二次方程式

PART 1 一元二次方程式與配方法及公式解

觀念解析 一元二次方程式

一般式：$ax^2 + bx + c = 0$（其中 $a \neq 0$）。

觀念解析 | **已知方程式的根**

1. 若 ★ 為 $ax^2 + bx + c = 0$ 之一根，將方程式中的 x 換成 ★，即 $a★^2 + b★ + c = 0$，等式必成立。

2. 若 α, β 為一元二次方程式之兩根，

   則 $(x - \alpha)(x - \beta) = 0$。

3. 已知 α, β 為方程式之兩根

   則可建立方程式：$x^2 - (\alpha + \beta)x + \alpha\beta = 0$

   EX：求以 3、–2 為兩根之一元二次方程式 $\Rightarrow x^2 - x - 6 = 0$

觀念解析	配方法

當十字交乘困難時使用

EX：求 $x^2 - 2x - 899 = 0$ 的兩根

$\langle Sol \rangle$ $x^2 - 2x + 1^2 = 899 + 1^2$

$$\Downarrow$$

$$\left| \frac{\text{一次項係數}}{2} \right|^2$$

$\Rightarrow (x - 1)^2 = 900 \Rightarrow x - 1 = \pm 30 \Rightarrow x = -29$ 或 $x = 31$

觀念解析	公式解

試求 $ax^2 + bx + c = 0$ 之解。

由配方法得知，$x = \dfrac{-b \pm \sqrt{b^2 - 4ac}}{2a}$ 為一元二次方程式公式解。

PART 2 解一元二次方程式與其根的討論

最常用來解一元二次方程式的方法

方法 1　因式分解：提公因式、分組分解、乘法公式、十字交乘。

方法 2　公式解：$x = \dfrac{-b \pm \sqrt{b^2 - 4ac}}{2a}$ 。

方法 3　配方法。

| 觀念解析 | 特殊求值問題（x, $\frac{1}{x}$ 為倒數關係） |

1. $x^2 + \frac{1}{x^2} = (x + \frac{1}{x})^2 - 2$

2. $x^2 + \frac{1}{x^2} = (x - \frac{1}{x})^2 + 2$

3. $(x - \frac{1}{x})^2 = (x + \frac{1}{x})^2 - 4$

4. $(x + \frac{1}{x})^2 = (x - \frac{1}{x})^2 + 4$

| 觀念解析 | 一元二次方程式的根 |

一元二次方程式　$ax^2 + bx + c = 0$　（$a \neq 0$）

利用判別式 $D = b^2 - 4ac$

1. $D > 0 \Rightarrow$ 相異實根。

2. $D = 0 \Rightarrow$ 相等實根（重根）。

3. $D < 0 \Rightarrow$ 無實根（根為虛根）。

虛數高中才教喔！
~(￣▽￣ | | |)~

觀念解析　根與係數

若 α、β 為 $ax^2 + bx + c = 0$ 之二根，則

1. 兩根之和：$\alpha + \beta = \dfrac{-b}{a}$。

　重要喔。
　$\sim(\ ^{\triangledown}\ )\sim$

2. 兩根之積：$\alpha \times \beta = \dfrac{c}{a}$。

【說明】：由公式解可得 $x = \dfrac{-b \pm \sqrt{b^2 - 4ac}}{2a}$，

即令 $\alpha = \dfrac{-b + \sqrt{b^2 - 4ac}}{2a}$，$\beta = \dfrac{-b - \sqrt{b^2 - 4ac}}{2a}$。

(1) $\alpha + \beta = \dfrac{-b + \sqrt{b^2 - 4ac}}{2a} + \dfrac{-b - \sqrt{b^2 - 4ac}}{2a} = \dfrac{-2b}{2a} = \dfrac{-b}{a}$。

(2) $\alpha \times \beta = \dfrac{-b + \sqrt{b^2 - 4ac}}{2a} \times \dfrac{-b - \sqrt{b^2 - 4ac}}{2a} = \dfrac{(-b)^2 - (\sqrt{b^2 - 4ac})^2}{4a^2}$

$= \dfrac{4ac}{4a^2} = \dfrac{c}{a}$。

第十三篇

等差數列與級數

PART 1 等差數列

觀念解析 | 數列

1. 定義：具有次序的一列數，稱之為數列。

> 數列不一定要有規則唷。~(￣▽￣)~

2. 依序為**首項**、**第二項**、**第三項**…依此類推，最後一項稱為**末項**，總共有幾項則稱為**項數**。

3. 一般形式可記為：$a_1, a_2, a_3, \cdots a_n$，…其中 a_n 為此數列的第 n 項。

   EX：有一有規則的數列為 1, 2, 4, 7, 13, 24, 44, 81, □，

   察其規律後，則 □ =【　　　　】。

   > ANS：從第 4 項開始為前三數之和
   >
   > ∴ □ = 24 + 44 + 81 = 149

觀念解析　等差數列（算術數列，A.P）

1. 定義：一數列任意相鄰兩項後項減前項的差皆相同，即為等差數列。

2. 公差 d = 後項 − 前項。（相鄰兩項）

3. 求 a_n：

Way 1　$a_n = a_1 + (n - 1)d$

Way 2　$a_n = a_k + (n - k)d$

看題目自行選擇喔！
~(▽)~

Way 3　$a_n = nd \pm$ 某數

| 觀念解析 | 等差中項 |

1. 等差中項：若 a，b，c 三數成等差數列，則 b 稱為 a，c 之等差中項。

2. 求中項：$b = \dfrac{a+c}{2}$

   【說明】b － a = c － b = 公差

   $$\Rightarrow 2b = a + c \Rightarrow b = \dfrac{a+c}{2}$$

| 觀念解析 | 等差數列特殊假設法 |

1. 三數成等差數列：$\boxed{a - d}$，$\boxed{a}$，$\boxed{a + d}$。

2. 四數成等差數列：$\boxed{a - 3d}$，$\boxed{a - d}$，$\boxed{a + d}$，$\boxed{a + 3d}$。

3. 五數成等差數列：$\boxed{a - 2d}$，$\boxed{a - d}$，$\boxed{a}$，$\boxed{a + d}$，$\boxed{a + 2d}$。

4. 若一直角△三邊長成等差數列，則三邊長比必為 $\boxed{3 : 4 : 5}$。

5. 若三角形三內角成等差數列，則必有一內角為 $60°$，$(60-d)°$ ， $60°$ ，$(60+d)°$ 。

觀念解析　重要性質

1. 一等差數列的各項**同加**或**同減**一數，仍為等差數列，且**公差不變**。

2. 一等差數列的各項**同乘以 K**，仍為等差數列，但公差變為原公差的 **K 倍**。

3. 一等差數列的各項同除以 K（$K \neq 0$），仍為等差數列，但公差變為原公差的 $\dfrac{1}{K}$ 倍。

4. 第一項 + 最後一項 = 第二項 + 倒數第二項 = ⋯⋯依此類推。

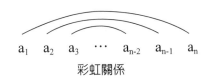

$$a_1 \quad a_2 \quad a_3 \quad \cdots \quad a_{n-2} \quad a_{n-1} \quad a_n$$

彩虹關係

PART 2 等差級數

觀念解析 等差級數

定義：等差級數（算術級數）：即為一等差數列各項總和。

WAY 1：$S_n = \dfrac{n(a_1 + a_n)}{2}$ 。

WAY 2：$S_n = \dfrac{n[2a_1 + (n-1)d]}{2}$ 。

WAY 3：$S_n = $ 中間項・項數。

第十四篇

幾何 1

PART 1 平面圖形

觀念解析	線的表現方式

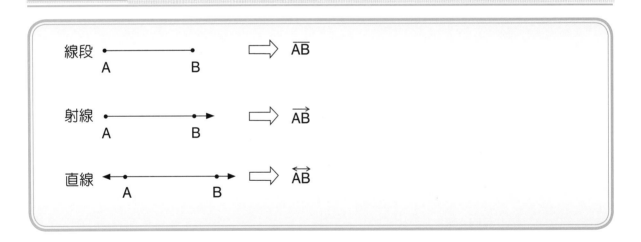

觀念解析 | **角的名詞介紹**

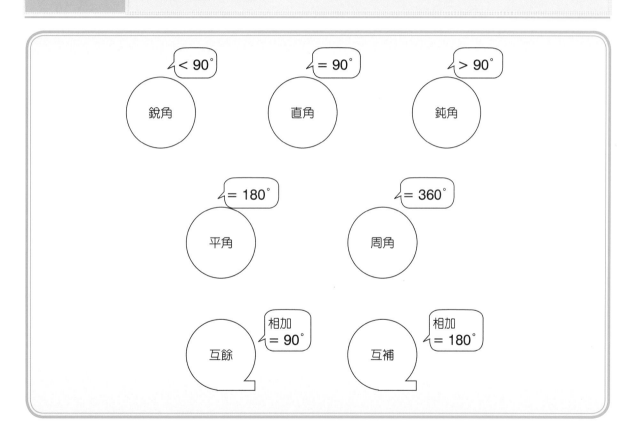

觀念解析 | **重要觀念**

1. 由一頂點作對角線可將 n 邊形分成 **n−2** 個三角形。

2. n 邊形由一頂點可作 **n−3** 條對角線。

3. n 邊形之對角線總數 $\dfrac{n(n-3)}{2}$ 。

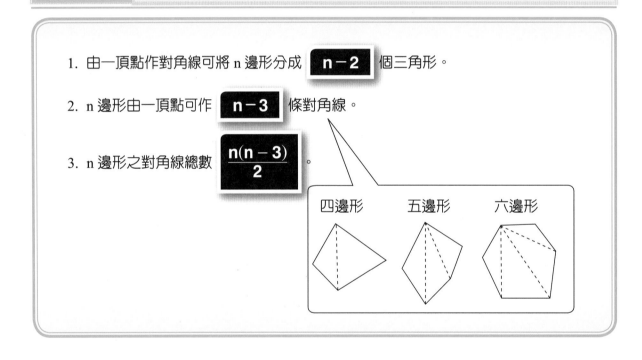

四邊形　　　五邊形　　　六邊形

觀念解析	四邊形的介紹

名稱	邊角性質	兩對角線性質
正方形	四邊等長，四個角均為90˚	等長且互相垂直平分
矩形	四個角均為90˚	等長且互相平分
平行四邊形	對邊平行且等長	互相平分
菱形	四邊等長	互相垂直平分
梯形	僅一組對邊平行	×
鳶（箏）形	兩組鄰邊等長	一對角線垂直平分另一對角線

★正方形是矩形的一種，也是菱形的一種

★正方形、矩形、菱形也是平行四邊形的一種

觀念解析　圓的介紹

★定義：平面上一定點 O，所有與 O 點等距離的點所形成的圖形

★名詞介紹：

1. 圓上、圓內、圓外

2. 半徑：**圓心** 到圓

上一點之連線（r）。

圓心不在
圓上喔！

3. 直徑：通過 **圓心** 且兩端點

在圓上之線段（2r）。

4. 圓周長：一圓之 **周長**。

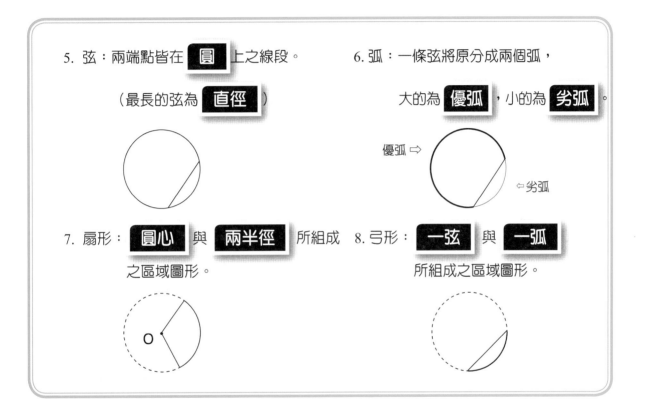

5. 弦：兩端點皆在 圓 上之線段。

　（最長的弦為 直徑 ）

6. 弧：一條弦將原分成兩個弧，

　　大的為 優弧 ，小的為 劣弧 。

優弧 ⇨

⇦劣弧

7. 扇形： 圓心 與 兩半徑 所組成

　之區域圖形。

O

8. 弓形： 一弦 與 一弧

　所組成之區域圖形。

觀念解析 延伸介紹

1. 若兩直徑互相垂直⇨四邊形為 **正方形**。

   ♥兩對角線互相垂直平分且等長

2. 若兩直徑不互相垂直⇨四邊形為 **長方形**。

   ♥兩對角線互相平分且等長

PART 2 線對稱

線對稱圖形

1. 定義：若一個圖形沿著一直線對摺時，摺線兩邊的圖形會 **重合** ，則稱此圖形為線對稱圖形。

2. 摺線即稱為 **對稱軸** 。

3. 沿著對稱軸折疊時，疊合的頂點稱為 **對稱點** ，疊合的邊稱為 **對稱邊** 。

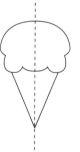

4. 對稱軸 **垂直平分** 兩對稱點的連線。

觀念解析 　對稱軸數量

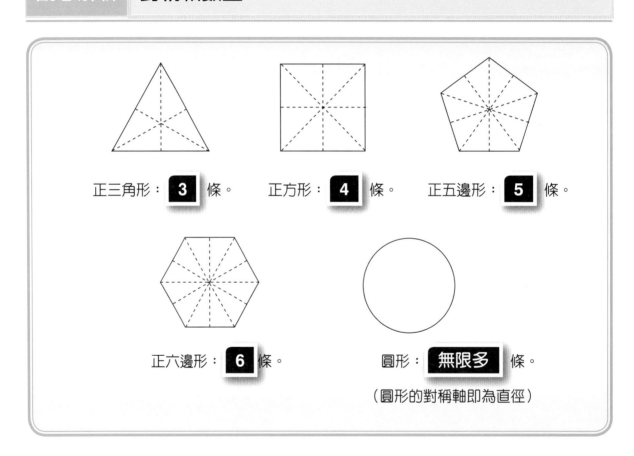

正三角形： **3** 條。　　正方形： **4** 條。　　正五邊形： **5** 條。

正六邊形： **6** 條。　　　　圓形： **無限多** 條。

（圓形的對稱軸即為直徑）

PART 3 尺規作圖

觀念解析　尺規作圖（只能用無刻度直尺 + 圓規）

1. 等線段

   已知：$\overline{AB}$　　　　求作：$\overline{CD} = \overline{AB}$

   作法：　　　　　　　　　　　　　作圖：

   ⑴ 在直線 L 上取一點 C，以 $\overline{AB}$ 為半徑

   　　畫弧，交 L 於一點 D

   ⑵ $\overline{CD}$ 即為所求

2. 等角作圖

   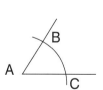

   已知：$\angle A$　　　　求作：$\angle P = \angle A$

   作法：　　　　　　　　　　　　　作圖：

   ⑴ 在直線 L 上取一點 P，分別以 A、P 兩點為

   　　圓心以適當長為半徑，畫弧。

(2) 以 R 為圓心，$\overline{BC}$ 為半徑畫弧，兩弧交於 Q，作 $\overrightarrow{PQ}$

(3) 角∠QPR 即為所求。

3. 中點作圖

已知：$\overline{AB}$　　　求作：$\overline{AB}$ 之中點

作法：　　　　　　　　　　作圖：

(1) 以 A、B 為圓心，適當長（$> \frac{1}{2}\overline{AB}$）
　為半徑畫弧，兩弧交於 P、Q。

(2) $\overline{PQ}$ 與 $\overline{AB}$ 相交於 M，M 即為所求。

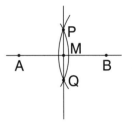

PS：中垂線（垂直平分線）作圖與中點作圖方法相同。

4. 角平分線作圖

已知：∠A　　　求作：∠A 之角平分線

作法：　　　　　　　　　　作圖：

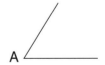

(1) 以 A 為圓心畫弧，交兩邊於 P、Q 兩點

(2) 以 P、Q 為圓心，適當長為半徑（$> \frac{1}{2}\overline{PQ}$）畫弧，
　兩弧相交於 R，$\overrightarrow{AR}$ 即為所求。

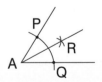

5. 垂線作圖 1：過線上一點作垂線

已知：P 在直線 L 上　　　求作：過 P 且垂直 L 之直線

作法：　　　　　　　　　　作圖：

⑴以 A 為圓心，任意長為半徑畫弧，

　　與 L 相交於 P、Q 兩點

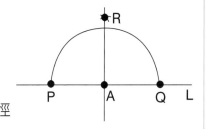

⑵以 P、Q 兩點為圓心，適當長（$> \frac{1}{2}$ $\overline{PQ}$）為半徑

　　畫弧，兩弧相交於 R，$\overleftrightarrow{AR}$ 即為所求

6. 垂線作圖 2：過線外一點作垂線

已知：P 在直線 L 外　　　求作：過 P 且垂直 L 之直線

作法：　　　　　　　　　　作圖：

⑴以 P 為圓心，適當長（> 過 P 之高）

　　為半徑畫弧，交 L 於兩點 A、B

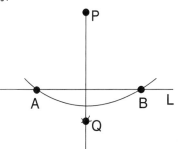

⑵以 A、B 為圓心，適當長（$> \frac{1}{2}$ $\overline{AB}$）

　　為半徑畫弧，兩弧相交於 Q，$\overleftrightarrow{PQ}$ 即為所求。

觀念解析　三角形的線

1. 中線：一頂點到對邊中點的連接線段。

　　★ 三條中線必交於一點，稱為 。

2. 角平分線：一內角之角平分線。

　　★ 三條內角之角平分線必交於一點，稱為 。

3. 中垂線：一邊的垂直平分線。

　　★ 三邊之中垂線必交於一點，稱為 。

4. 高：一頂點到對邊的垂線。

　　★ 三高必交於一點，稱為 。

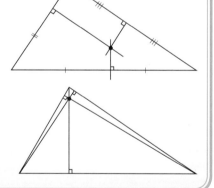

觀念解析 　重要等分觀念

EX 1：在一線段 $\overline{AB}$ 上取一點 P，$\overline{AP} : \overline{BP} = 5 : 3$

　　⇨ 需作圖 **3** 次。

EX 2：將一角分成 1013：11

　　⇨ 需作圖 **10** 次。

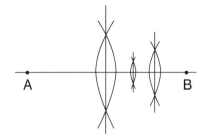

劉靜老師の解題關鍵

$5 + 3 = 2^{\boxed{3}} \longrightarrow$ 作圖次數

$1013 + 11 = 2^{\boxed{10}}$

PART 4 立體圓形

觀念解析	立體圖形

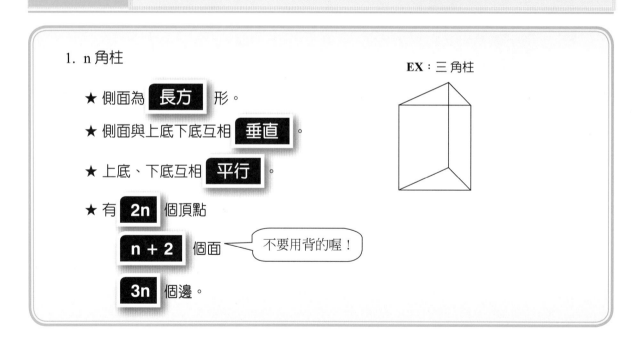

1. n 角柱

★ 側面為 長方 形。

★ 側面與上底下底互相 垂直 。

★ 上底、下底互相 平行 。

★ 有 2n 個頂點

n + 2 個面 ← 不要用背的喔！

3n 個邊。

EX：三角柱

2. n角椎

　★ 底面為 形。

　★ 側面為 形。

　★ 有 $n+1$ 個頂點

　　　n + 1 個面

　　　2n 個邊。

EX：四角錐

3. 圓柱

　★ $\overline{AB}$ = 圓周長

　★ $\overline{BC}$ = 柱高

EX：

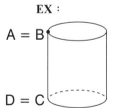

展開圖

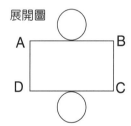

4. 圓錐

　★ 底面圓形的周長 = $\overparen{AB}$

　圓椎體側面積速解：$Rr\pi$

EX：

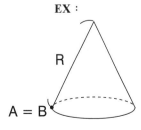

展開圖

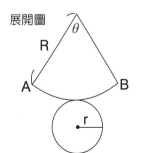

5. 柱體體積：  ×

〈補充〉

★ 錐體體積： ×

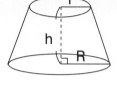

★ 圓錐台體積：$\frac{1}{3} \times \pi \times h(r^2 \times rR + R^2)$

〈註：公式由大圓錐體積減小圓錐體積而得〉

★ 球體體積：$\frac{4}{3} \times \pi \times r^3$（r 為球體半徑）

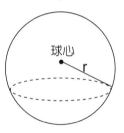

6. 其他

角錐台

圓錐台

正四面體

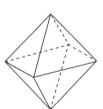

正八面體

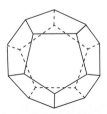

正十二面體

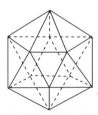

正二十面體

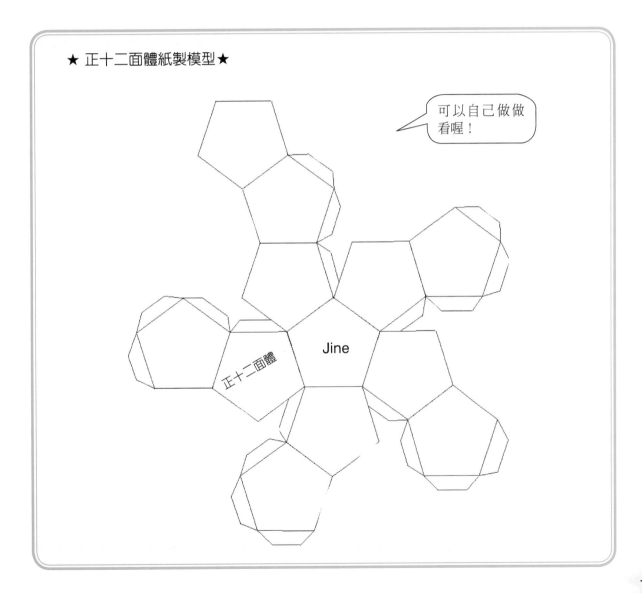

★正二十面體紙製模型★

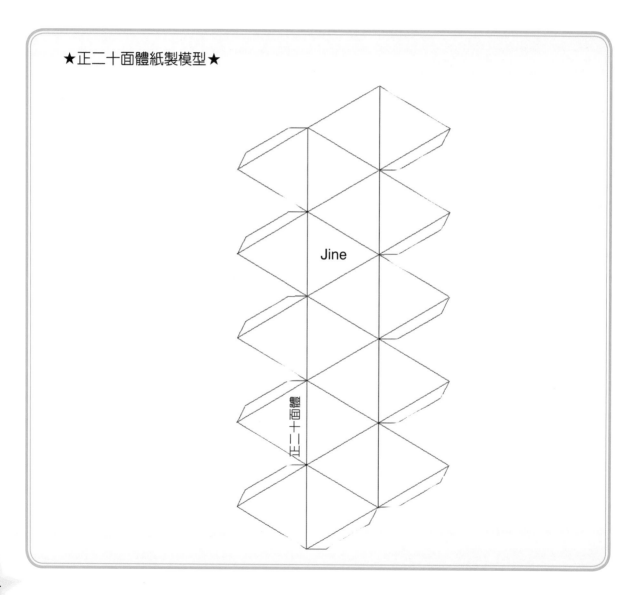

第十五篇

三角形的基本性質

PART 1 三角形的內外角

觀念解析	三角形的內角與外角

1. 內角和：三角形內角和 = 180 度。

2. 外角和：三角形三個外角總和 = 360 度。

3. 外角定理：任一外角等於不相鄰的內角和

    EX：$\angle 1 = \angle B + \angle C$。

    【說明】

    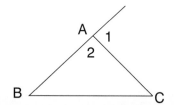

    $$\because \angle 1 + \angle 2 = 180° = \angle 2 + \angle B + \angle C$$

    $$\Rightarrow \angle 1 = \angle B + \angle C$$

觀念解析　重要圖形集錦

1.

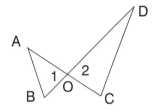

$$\angle A + \angle B = \angle C + \angle D$$

【說明】：$\angle A + \angle B + \angle 1 = 180° = \angle C + \angle D + \angle 2$

2.

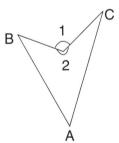

$$\angle 1 = \angle A + \angle B + \angle C$$

【說明】：$\angle 1 + \angle 2 = 360° = \angle A + \angle B + \angle C + \angle 2$

3.

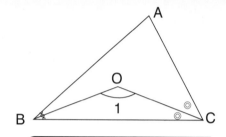

$$\angle BOC = 90° + \frac{1}{2}\angle A$$

【說明】：$\angle 1 = 180° - (x + ◎)$

$\qquad = 180° - \frac{1}{2}(180° - \angle A)$

4.

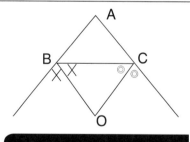

$$\angle BOC = 90° - \frac{1}{2}\angle A$$

【說明】：$\angle BOC = 180° - (x + ◎)$

$\qquad = 180° - \frac{1}{2}[360° - (\angle B + \angle C)]$

5.

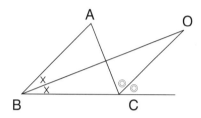

$$\angle O = \frac{1}{2}\angle A$$

【說明】：$\angle O = \angle\text{◎} - \angle x = \frac{1}{2}(2\angle\text{◎} - 2\angle x)$

6.

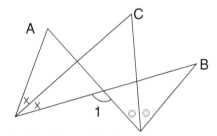

$$\angle C = \frac{\angle A + \angle B}{2}$$

【說明】：$\angle C = \angle 1 - (\angle x - \angle\text{◎})$

$= \frac{1}{2}[(\angle 1 - \angle x) + (\angle 1 - \angle\text{◎})]$

觀念解析　重要觀念

1. n 邊形的內角總和 ＝ $(n - 2) \times 180°$。

2. 正 n 邊形之一外角 ＝ $\dfrac{360°}{n}$。

3. 正 n 邊形之一內角 ＝ $\dfrac{(n - 2) \times 180°}{n}$ 或 $180° - \dfrac{360°}{n}$。

PART 2 三角形的全等

觀念解析 | 三角形的全等

若△ABC 與△DEF 全等，則其對應邊與對應角均相等，符號記為 。

（※對應次序不可任意對調）

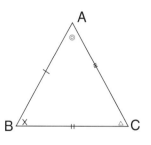

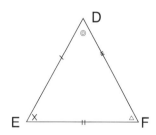

對應邊相等　　對應角相等

$$\left. \begin{array}{l} \overline{AB} = \overline{DE} \\ \overline{BC} = \overline{EF} \\ \overline{CA} = \overline{FD} \end{array} \right\} \text{且} \left\{ \begin{array}{l} \angle A = \angle D \\ \angle B = \angle E \\ \angle C = \angle F \end{array} \right. \iff \triangle ABC \cong \triangle DEF$$

| 觀念解析 | 三角形的全等判別條件 |

1. 由全等定義知，兩三角形全等需六個條件，實際上三角形只要滿足以下判別條件即全等。Side（邊），Angle（角）

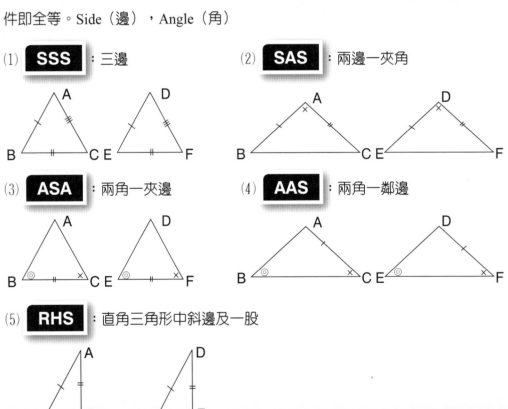

(1) **SSS**：三邊

(2) **SAS**：兩邊一夾角

(3) **ASA**：兩角一夾邊

(4) **AAS**：兩角一鄰邊

(5) **RHS**：直角三角形中斜邊及一股

2. 非全等性質

(1)  ：未必全等

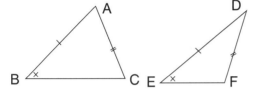

(2) **AAA** ：未必全等。

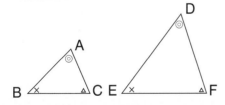

PART 3 三角形的邊角關係

觀念解析　三角形的三邊關係

其他兩邊差 < 任一邊長 < 其它兩邊和

EX：下列有幾組三邊長可形成三角形

　　① 3, 4, 5　② 11, 12, 24　③ 1, 2, 3　④ 5, 6, 7

ANS：① 、 ④ 2 組

劉靜老師の解題關鍵：

判斷三角形時：兩小邊和 > 大邊

觀念解析　三角形的邊對角關係

1. **大邊對大角**，大角對大邊。

2. **小邊對小角**，小角對小邊。

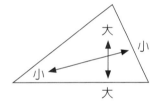

觀念解析	樞紐與逆樞紐定理

1. 在△ABC 與△DEF 中，若 $\overline{AB}=\overline{DE}$，$\overline{AC}=\overline{DF}$，  。

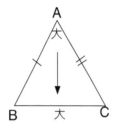
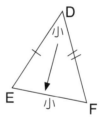

2. 在△ABC 與△DEF 中，若 $\overline{AB}=\overline{DE}$，$\overline{AC}=\overline{DF}$，  。

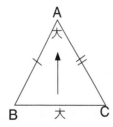
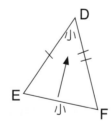

第十六篇

平行

PART 1 平行

觀念解析 | 平行線的性質

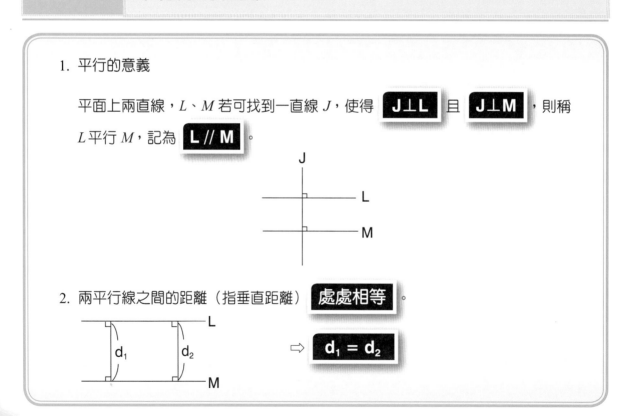

1. 平行的意義

   平面上兩直線，L、M 若可找到一直線 J，使得 **J⊥L** 且 **J⊥M**，則稱 L 平行 M，記為 **L // M**。

2. 兩平行線之間的距離（指垂直距離）**處處相等**。

   $\Rightarrow$ **$d_1 = d_2$**

3. 截線與截角：若 L 與 M 被 J 所截

(1) 同位角： ∠1, ∠5 、 ∠2, ∠6 、

∠3, ∠7 、 ∠4, ∠8 。

(2) 內錯角： ∠4, ∠5 、 ∠2, ∠7 。

(3) 同側內角： ∠2, ∠5 、 ∠4, ∠7 。

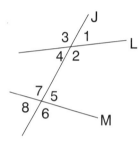

4. 平行線性質（$L /\!/ M$）

(1) 同位角相等 。

(2) 內錯角相等 。

(3) 同側內角互補 。

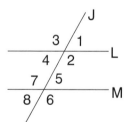

5. 若兩個角的兩邊分別互相平行或垂直

則此兩角 **相等** 或 **互補** 。

(1) 分別平行

①

②

⇨ **∠1 = ∠2**

⇨ **∠1 + ∠2 = 180°**

(2) 分別垂直

①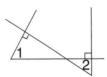

②

⇨ **∠1 = ∠2**

⇨ **∠1 + ∠2 = 180°**

6. 若兩個角的兩邊，一邊互相平行，另一邊互相垂直。

(1)

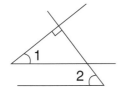

⇨ **∠1 + ∠2 = 90˚**

(2)

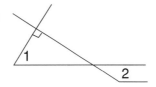

⇨ **∠2 – ∠1 = 90˚**

7. 重要圖形：若 $L_1 // L_2$

(1)

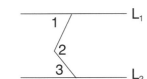

⇨ **∠2 = ∠1 + ∠3**

(2)

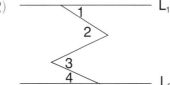

⇨ **∠1 + ∠3 = ∠2 + ∠4**

(3)

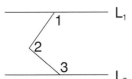

⇨ **∠1 + ∠2 + ∠3 = 360˚**

(4)

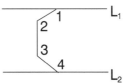

⇨ **∠1 + ∠2 + ∠3 + ∠4 = 540˚**

8. 若兩平行線，被一直線所截，則

(1) 同位角之角平分線 平行 。

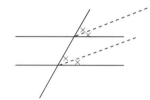

(2) 內錯角之角平分線 平行 。

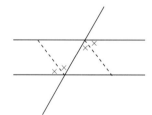

(3) 同側內角之角平分線 垂直 。

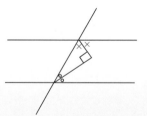

PART 2 平行四邊形與梯形

平行四邊形與梯形

1. 平行四邊形的性質

(1) 兩雙對邊分別互相 平行 且 等長 。

(2) 對角 相等 ，鄰角 互補 。

(3) 兩對角線 互相平分 。

(4) 一對角線將平行四邊形分成 二全等三角形 。

(5) 兩對角線將平行四邊形分成 四等面積三角形 。

2. 三角形兩邊中點連線性質：

   △ABC 中，若 D、E 分別為 $\overline{AB}$、$\overline{AC}$ 之中點，則

   (1) $\boxed{\overline{DE} \parallel \overline{BC}}$。

   (2) $\boxed{\overline{DE} = \dfrac{1}{2}\overline{BC}}$。

   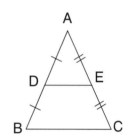

   (3) △ADE 周長 $= \boxed{\dfrac{1}{2}} \times$ △ABC 周長。

   (4) △ADE 面積 $= \boxed{\dfrac{1}{4}} \times$ △ABC 面積。

3. 梯形中線與對角線中點連線

   $\overline{AD} \parallel \overline{BC}$，E、F 分別為 $\overline{AB}$、$\overline{CD}$ 中點，M、N 分別為兩對角線中點。

   (1) $\overline{EF}$ 稱為梯形之 $\boxed{\text{中線}}$，且 $\overline{EF} = \boxed{\dfrac{\text{上底} + \text{下底}}{2}}$。

   (2) 梯形面積 $= \boxed{\dfrac{(\text{上} + \text{下})\text{高}}{2}} = \boxed{\text{中線長} \cdot \text{高}}$。

   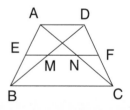

   (3) $\overline{MN} = \boxed{\dfrac{|\text{上} - \text{下}|}{2}}$。

4. 特別補充：

   (1) ① 正方形四邊中點連線形成 **正方形** 。

   ② 矩形四邊中點連線形成 **菱形** 。

   ③ 菱形四邊中點連線形成 **矩形** 。

   ④ 等腰梯形四邊中點連線形成 **菱形** 。

   > 非等腰的梯形四邊中點連線則是形成平行四邊形喔！～(￣︶￣)～（嘿！）

   ⑤ 箏形四邊中點連線形成 **矩形** 。

   ⑥ 平行四邊形四邊中點連線形成 **平行四邊形** 。

   (2) 兩對角線分別為 a、b 之四邊形，且兩對角線互相垂直，

   則此四邊形的面積 = $\dfrac{\text{對角線相乘}}{2}$ 。

第十七篇

相似形

PART 1 相似形

觀念解析　相似形的意義與條件

1. **相似形的意義：**

   兩個平面圖形，只要其形狀相同，則稱為相似形。

2. **相似多邊形的條件（邊數 ≥ 4）：**

   ⑴ 對應角相等。

   ⑵ 對應邊長成比例。

   > 缺一不可唷。
   > ～(￣▽￣)～

   ★ 若 A、B 為相似形，記為 。

3. **兩相似形其周長與面積的關係：**

   若 A 與 B 為相似形，則：

   ⑴ A 與 B 的**周長**比 = A 與 B 的**對應邊長**比。

   ⑵ A 與 B 的**面積**比 = A 與 B 的**對應邊長的平方**比。

觀念解析　重要觀念

1. 對應邊成比例之圖形，不一定為相似形。

   EX：正方形與菱形。

2. 對應角相等之圖形，不一定為相似形。

   EX：正方形與矩形。

   EX：右圖梯形 AEFD 與梯形 ABCD。

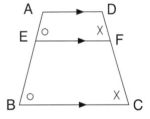

3. 兩個邊數相同的**正多邊形**，必為相似形。

4. 任兩個圓形，必為相似形。

5. 兩等腰直角三角形必為相似形。

PART 2 相似三角形

觀念解析　相似三角形

判別兩相似形三角形的條件：

1. **AAA相似**：三內角相等（或稱 AA 相似）。

2. **SSS相似**：三邊對應成比例。

3. **SAS相似**：兩對應邊成比例，且夾角相等。

| 觀念解析 | 平行與比例線段 |

1.

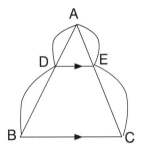

$$\overline{AD} : \overline{BD} = \overline{AE} : \overline{EC}$$

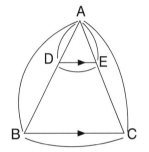

$$\overline{AD} : \overline{AB} = \overline{AE} : \overline{AC} = \overline{DE} : \overline{BC}$$

2.

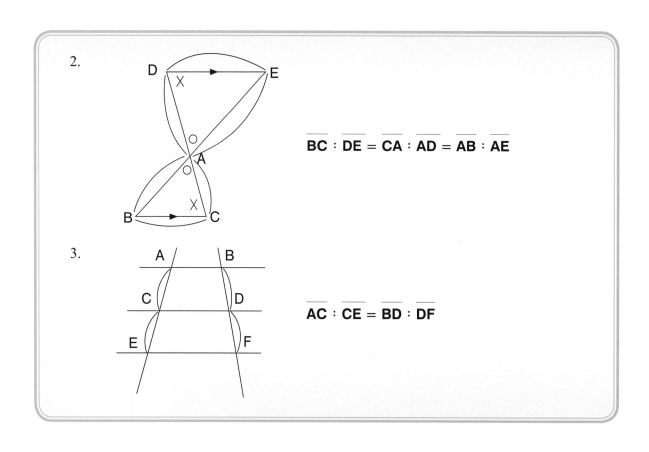

$$\overline{BC} : \overline{DE} = \overline{CA} : \overline{AD} = \overline{AB} : \overline{AE}$$

3.

$$\overline{AC} : \overline{CE} = \overline{BD} : \overline{DF}$$

觀念解析 三角形面積比例

1. **同高三角形**：面積比 = 底邊比　2. **同底三角形**：面積比 = 高比

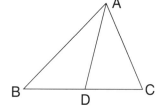

$\triangle ABD : \triangle ACD : \triangle ABC = \overline{BD} : \overline{CD} : \overline{BC}$

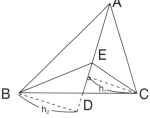

$\triangle ABE : \triangle ACE = \overline{BD} : \overline{CD}$

3. **同底等高三角形**：面積相同　4. **同角三角形**：面積比 = 夾邊乘積比

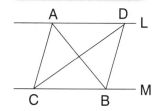

$L /\!/ M \Rightarrow \triangle ABC = \triangle DBC$

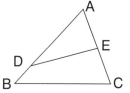

$\triangle ADE : \triangle ABC = \overline{AD} \times \overline{AE} : \overline{AB} \times \overline{AC}$

【說明】連 $\overline{BE}$, $\dfrac{\triangle ADE}{\triangle ABC} = \left(\dfrac{\triangle ADE}{\triangle ABE}\right) \times \left(\dfrac{\triangle ABE}{\triangle ABC}\right)$

$= \left(\dfrac{\overline{AD}}{\overline{AB}}\right) \times \left(\dfrac{\overline{AE}}{\overline{AC}}\right)$

觀念解析 母子相似形

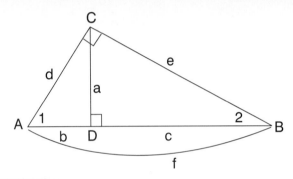

1. $\boxed{a^2 = b \times c}$ 由 $\triangle ACD \sim \triangle CBD \Rightarrow \dfrac{b}{a} = \dfrac{a}{c}$

2. $\boxed{d^2 = b \times f}$ 由 $\triangle ACD \sim \triangle ABC \Rightarrow \dfrac{d}{f} = \dfrac{b}{d}$

3. $\boxed{e^2 = c \times f}$ 由 $\triangle BCD \sim \triangle BAC \Rightarrow \dfrac{e}{f} = \dfrac{c}{e}$

4. $\boxed{d^2 : e^2 = b : c}$ 由2、3知 $\Rightarrow d^2 : e^2 = b \times f : c \times f$

5. 【補充】$\dfrac{1}{d^2} + \dfrac{1}{e^2} = \dfrac{1}{a^2}$

   證：$\dfrac{1}{d^2} + \dfrac{1}{e^2} = \dfrac{1}{b \times f} + \dfrac{1}{c \times f} = \dfrac{1}{f}\left(\dfrac{1}{b} + \dfrac{1}{c}\right)$

   $= \dfrac{1}{f}\left(\dfrac{c + b}{b \times c}\right) = \dfrac{1}{b \times c} = \dfrac{1}{a^2}$

觀念解析　**內分比性質**

△ABC 中，若 $\overline{AD}$ 為角平分線 $\Rightarrow$ $\boxed{\overline{AB} : \overline{AC} = \overline{DB} : \overline{DC}}$

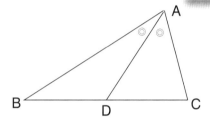

【說明】1. $\because$ △ABD 和 △ACD 同角

$$\Rightarrow \frac{\triangle ABD}{\triangle ACD} = \frac{\overline{AB} \times \overline{AD}}{\overline{AC} \times \overline{AD}} = \frac{\overline{AB}}{\overline{AC}} \quad (面積比 = 夾邊乘積比)$$

2. 又 △ABD 和 △ACD 同高

$$\Rightarrow \frac{\triangle ABD}{\triangle ACD} = \frac{\overline{DB}}{\overline{DC}} \quad (面積比 = 底邊比)$$

3. 由1.2.得知 $\Rightarrow \dfrac{\overline{AB}}{\overline{AC}} = \dfrac{\triangle ABD}{\triangle ACD} = \dfrac{\overline{DB}}{\overline{DC}}$ ♥

外分比性質（補充）

$\triangle ABC$ 中，若 $\overline{AD}$ 為 $\angle A$ 之外角平分線 $\Rightarrow \dfrac{\overline{AB}}{\overline{AC}} = \dfrac{\overline{DB}}{\overline{DC}}$

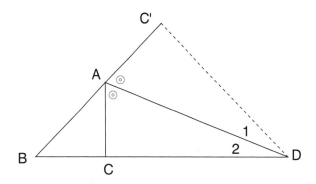

【說明】1. 在 $\overrightarrow{BA}$ 取一點 C'，使得 $\overline{AC} = \overline{AC'}$

由 $\begin{cases} \overline{AC} = \overline{AC'} \\ \angle CAD = \angle C'AD \\ \overline{AD} = \overline{AD} \end{cases} \Rightarrow \triangle ACD \cong \triangle AC'D \Rightarrow \begin{cases} \angle 1 = \angle 2 \\ \overline{DC'} = \overline{DC} \end{cases}$

                                                 (SAS)

2. 內分比性質：（由 $\angle 1 = \angle 2$）

$$\dfrac{\overline{AB}}{\overline{AC}} = \underbrace{\dfrac{\overline{AB}}{\overline{AC'}} = \dfrac{\overline{DB}}{\overline{DC'}}}_{\text{內分比}} = \dfrac{\overline{DB}}{\overline{DC}}$$

♥

觀念解析　黃金比例

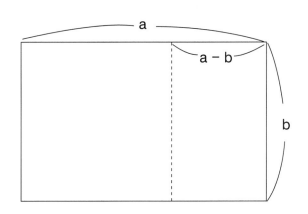

1. 黃金矩形：一邊長 $a > b$ 的矩形，去掉以 b 為邊長的正方形後，剩下的小矩形與原來大矩形相似，則稱此矩形為黃金矩形，而 $a:b$ 即為黃金比。

【說明】∵兩矩形相似

$$\Rightarrow \frac{a}{b} = \frac{b}{a-b} \Rightarrow a^2 - ab - b^2 = 0 \ (\div b^2)$$

$$\Rightarrow (\frac{a}{b})^2 - \frac{a}{b} - 1 = 0 \ (公式解一元二次方程式)$$

$$\Rightarrow \frac{a}{b} = \frac{1+\sqrt{5}}{2} (\frac{1-\sqrt{5}}{2} 不合) \doteqdot 1.618$$

♥

2. 黃金三角形：頂角36° 之等腰三角形，腰長比底邊長亦為黃金比

【說明】

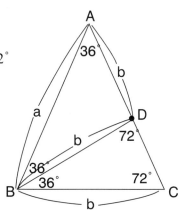

∵ ∠A = 36°，∠B = ∠C = 72° 作∠B之分角線

⇨ ∠DBC = ∠DBA = ∠A = 36°，∠DBC = ∠C = 72°

⇨ 令 $\overline{AB} = \overline{AC} = a$，$\overline{BC} = \overline{BD} = \overline{AD} = b$，

⇨ $\overline{CD} = a - b$

⇨ ∴△ABC∼△BCD(AA)

⇨ $\dfrac{\overline{AC}}{\overline{BC}} = \dfrac{\overline{BC}}{\overline{CD}} \rightarrow \dfrac{a}{b} = \dfrac{b}{a-b}$

⇨ 同理 $\dfrac{a}{b} = \dfrac{1+\sqrt{5}}{2}$ ($\dfrac{1-\sqrt{5}}{2}$不合)。

第十八篇

圓

PART 1 點─線上圓的關係

觀念解析　線與圓的關係

1. 若圓心到直線 L 的距離 $< r$，則 L 與圓有　**2**　個交點，
   L 稱為　**割線**　。

2. 若圓心到直線 L 的距離 $= r$，則 L 與圓有　**1**　個交點，
   L 稱為　**切線**　。

   > 切點必作連心線
   > 連心線必垂直切線

3. 若圓心到直線 L 的距離 $> r$，則 L 與圓有　**0**　個交點。

觀念解析　弦心距

1. 弦心距： 圓心到弦 的 垂直距離

2. 弦心距必 垂直平分 弦。

3. 小弦心距 ⇨ 大 弦。

4. 大弦心距 ⇨ 小 弦。

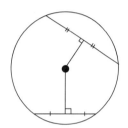

觀念解析 | 兩圓內、外公切線

兩圓 O_1、O_2，半徑分別為 R、r（R > r）

1. 連心線：兩圓之圓心連線 $\overline{O_1O_2}$

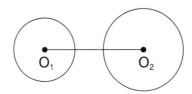

2. 內公切線：兩圓在切線異側

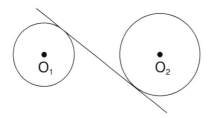

3. 外公切線：兩圓在切線同側

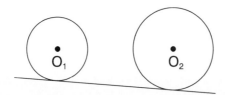

觀念解析　兩圓位置關係

	圖形	連心線範圍	兩圓交點	外公切線數	內公切線數	公切線總數
同心圓		♥ = 0	0 個	0 條	0 條	0 條
內離		0 < ♥ < R − r	0 個	0 條	0 條	0 條
內切		♥ = R − r	1 個	1 條	0 條	1 條

	圖形	連心線範圍	兩圓交點	外公切線數	內公切線數	公切線總數
相交兩點		$R - r < ♥ < R + r$	2 個	2 條	0 條	2 條
外切		$♥ = R + r$	1 個	2 條	1 條	3 條
外離		$♥ > R + r$	0 個	2 條	2 條	4 條

♥代表連心線長

觀念解析　切線長性質

過圓外一點做切線，則：圓外一點到切點等距，即 $\overline{PA} = \overline{PB}$。

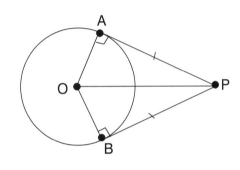

劉靜老師的解題關鍵：

遇圓三連。

1. 切必連： **切點** 和 **圓心** 必連。

2. 弦必連： **弦中點** 和 **圓心** 必連。

3. 心心相連過切點：兩圓心連線必過切點。

| 觀念解析 | 圓外切四邊形 |

圓外切四邊形 ⇨ **對邊和相等**。

即 $a + b = c + d$

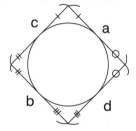

觀念解析　公切線段長

1. 內公切線段 $\overline{AB}$ 長 ★ $= \sqrt{\heartsuit^2 - 和^2}$。

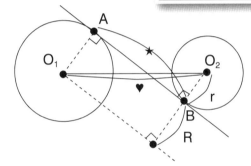

> ♥：連心線長
> 和：半徑和

2. 外公切線段 $\overline{AB}$ 長 ★ $= \sqrt{\heartsuit^2 - 差^2}$。

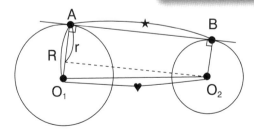

> ♥：連心線長
> 和：半徑差

PART 2 圓的角

弧度：將圓周畫分成 **360** 度。

1. 圓心角：

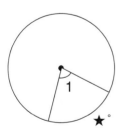

$\angle 1 = ★$

2. 圓周角：

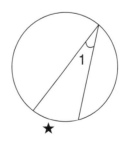

$\angle 1 = \dfrac{★}{2}$

觀念解析　圓內角、圓外角與弦切角

1. **圓內角∠1 = $\dfrac{♥+★}{2}$**

   【說明】：∠1 = ∠2 + ∠3

   $= \dfrac{1}{2}$ ♥ $+ \dfrac{1}{2}$ ★

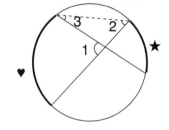

2. **圓內角∠1 = $\dfrac{♥-★}{2}$**

   【說明】：∠1 = ∠2 − ∠3

   $= \dfrac{1}{2}$ ♥ $- \dfrac{1}{2}$ ★

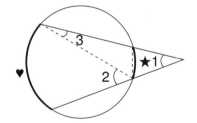

3. **弦切角∠1 = $\dfrac{★}{2}$**

   【說明】：∠1 = 90° − ∠2 = ∠◎

   $= \dfrac{1}{2} (2∠◎) = \dfrac{1}{2}$ ★

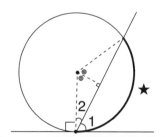

觀念解析　圓內接四邊形

圓內接四邊形 ⇨ 對角互補

【說明】∠1 + ∠2

$$= \frac{1}{2}\ \overparen{ADC} + \frac{1}{2}\ \overparen{ABC}$$

$$= \frac{1}{2}\ 360^\circ = 180^\circ$$

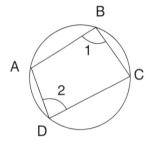

$$\angle 1 + \angle 2 = 180^\circ$$

觀念解析 | **內冪、外冪與切割的性質**

1. 內冪性質：

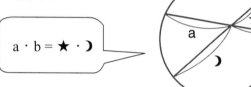

$$a \cdot b = ★ \cdot ☽$$

2. 外冪性質：

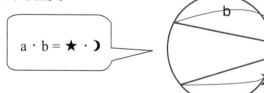

$$a \cdot b = ★ \cdot ☽$$

3. 切冪性質：

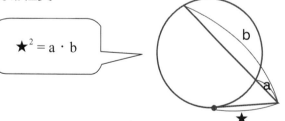

$$★^2 = a \cdot b$$

第十九篇

幾何 2

PART 1 幾何推理

| 觀念解析 | 幾何基本性質——等腰三角形 |

等腰三角形性質：

★ 兩腰等長。

★ 兩底角相等。

★ 頂角平分線必 **垂直平分** 底邊。

★ 底邊上的高即為中線、中垂線、角平分線。

★ 頂角的外角角平分線必 **平行** 底邊。（補充）

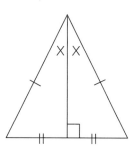

觀念解析 中垂線的性質

1. 中垂線上任一點到 相等，即 $\overline{PA} = \overline{PB}$。

2. $\triangle PAM \cong \triangle PBM$。（SAS）

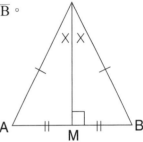

觀念解析 角平分線的性質

1. 角平分線上任一點到 相等，即 $\overline{PE} = \overline{PF}$。

2. $\triangle PDF \cong \triangle PDE$。（AAS）

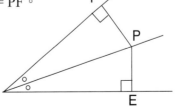

PART 2 三角形的外心、內心、重心

觀念解析 三角形的外心

1. 定義：三角形 **外接圓** 的圓心。

2. 作法：三角形三邊 **中垂線** 的交點。

3. 性質：外心到三角形三頂點的距離相等（即外接圓半徑 R）

　　　銳角三角形外心在 **△內部** 。

　　　鈍角三角形外心在 **△外部** 。

　　　直角三角形外心在 **斜邊中點** 。

觀念解析　三角形的內心

1. 定義：三角形　內切圓　的圓心。

2. 作法：三角形三內角　角平分線　的交點。

3. 性質：內心的三角形三邊的垂直距離相等。

　　　（即內接圓半徑 r）

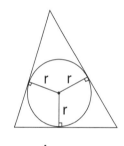

4. 位置：內心必在三角形的　內部　。

5. 角度：△ABC 中，若 I 為內心，

　　　則 $\angle BIC = 90° + \dfrac{1}{2} \angle A$ 。

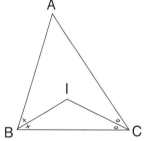

6. △ABC 中，若 I 為內心，r 為內切圓半徑，S 為三角形周長：

　　　則 △ABC 面積 = $\dfrac{1}{2} rS$ 。

觀念解析 ## 三角形的重心

1. 定義及作法：三角形 **三中線** 的交點。

2. 位置：重心必在三角形的 **內部** 。

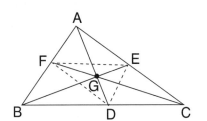

3. 性質：

$\triangle ABC$ 中，G 為重心，則：

(1) $\overline{AG} : \overline{GD} = \overline{BG} : \overline{GE} = \overline{CG} : \overline{GF} = $ **2 : 1** 。

(2) $\triangle AGF = \triangle BGF = \triangle BGD = \triangle CGD = \triangle CGE = \triangle AGE = $ **$\dfrac{1}{6}$** $\triangle ABC$ 。

(3) G 也是 $\triangle DEF$ 之重心。

觀念解析　正三角形的三心

1. 正三角形的 **外心** 、 **內心** 、 **重心** 皆為同一點（三心共點）。

　（※正三角形的中垂線、角平分線、中線皆為同一條，亦是正三角形的高）。

2. 若一正三角形之邊長為 a，則：

正三角形的高 $= \dfrac{\sqrt{3}}{2}a$。

正三角形的面積 $= \dfrac{\sqrt{3}}{4}a^2$。

正三角形外接圓半徑 $R = \dfrac{\sqrt{3}}{3}a$。

正三角形內切圓半徑 $r = \dfrac{\sqrt{3}}{6}a$。

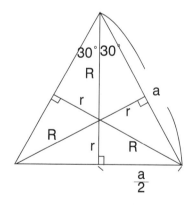

觀念解析 | 直角三角形的特性

若 △ABC 中，∠B = 90°，外心 O，重心 G，內心 I，則：

1. $\overline{AO}$ = **BO** = **CO** = $\frac{1}{2}$ **AC** = **外接圓半徑 R**。

2. $\overline{GO}$ = $\frac{1}{3}$ $\overline{OB}$ = $\frac{1}{3}$ $\overline{OC}$ = $\frac{1}{6}$ $\overline{AC}$。

3. 內切圓半徑 r = $\dfrac{兩股和 - 斜邊}{2}$。

4. △ABC 周長 = **4R + 2r**。

觀念解析　三角形面積公式全攻略

1. $\triangle = \dfrac{1}{2} \times 底 \times 高$

2. $\triangle = \dfrac{1}{2} r S$ ← r = 內切圓半徑　S = 周長

3. $\triangle = \dfrac{abc}{4R}$ ← abc為三邊長，R = 外接圓半徑
（正弦定理高中才教，但很好用喔！）

4. $\triangle = \sqrt{s(s-a)(s-b)(s-c)}$ ← $s = \dfrac{周長}{2}$
（海龍公式！高中才教，但好用喔！）

第二十篇

二次函數

PART 1 二次函數

觀念解析 二次函數

1. 函數的意義：

   兩數 x, y，對任意一個 x 值，恆有一個 y 值與其對應，則稱 y 是 x 的函數，記為 $y = f(x)$。

2. 二次函數：

   當 $y = f(x) = ax^2 + bx + c$ $(a \neq 0)$，稱為二次函數，圖形為 抛物線 。

觀念解析 二次函數判別

二次函數的判別：$y = ax^2 + bx + c$

1. 開口方向：(1) **a > 0**：開口向上，(2) **a < 0**：開口向下。

2. 開口大小：(1) **|a|愈大**：開口愈小，(2) **|a|愈小**：開口愈大。

觀念解析 二次函數標準式與配方法

1. **二次函數的標準式**：$y = f(x) = a(x - h)^2 + k$

   則：(1) 頂點： **(h, k)**　(2) 對稱軸： **x = h** 。

2. **二次函數配方法**：

   (1) 試將 $y = ax^2 + bx + c$ 用配方法完成標準式。

   (2) 此時頂點： $\left(-\dfrac{b}{2a}, -\dfrac{b^2 - 4ac}{4a} \right)$ ，對稱軸： $x = -\dfrac{b}{2a}$ 。

觀念解析 | 圖形平移

圖形上下平移：

1. 若 $y = ax^2$ 時，將圖形向上移動 k 個單位長，可得 $y = ax^2 + k$ 之圖形。

2. 若 $y = ax^2$ 時，將圖形向下移動 k 個單位長，可得 $y = ax^2 - k$ 之圖形。

圖形左右平移：

1. 若 $y = ax^2$ 向右平移 h 個單位長，可得 $y = a(x - h)^2$ 之圖形。

2. 若 $y = ax^2$ 向左平移 h 個單位長，可得 $y = a(x + h)^2$ 之圖形。

重要哦！
\\(￣▽￣)/>

觀念解析　二次函數圖形與 x 軸交點個數

二次函數與 x 軸之交點個數：

當 $y = ax^2 + bx + c$，則

1. 若 $b^2 - 4ac > 0$ ：與 x 軸有兩個交點。

2. 若 $b^2 - 4ac = 0$ ：與 x 軸有一個交點。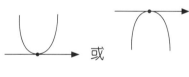

3. 若 $b^2 - 4ac < 0$ ：與 x 軸沒有交點。

觀念解析　判別法

判別 $y = ax^2 + bx + c$ 各項係數正負方法

$a：\begin{cases} 開口朝上 \Rightarrow 正 \\ 開口朝下 \Rightarrow 負 \end{cases}$

$b：\begin{cases} 頂點在 y 軸右 \Rightarrow 和 a 異 \\ 頂點在 y 軸左 \Rightarrow 和 a 同 \end{cases}$

　　【說明】頂點 x 坐標為 $-\dfrac{b}{2a}$

$c：\begin{cases} 和 y 軸交點在 x 軸上 \Rightarrow 正 \\ 和 y 軸交點在 x 軸下 \Rightarrow 負 \end{cases}$

　　【說明】y 軸交點的 y 坐標 = 方程式 x 代 0 的 y 值

$D = b^2 - 4ac：\begin{cases} 圖形和 x 軸有 2 交點 \Rightarrow 正 \\ 圖形和 x 軸有 1 交點 \Rightarrow 0 \\ 圖形和 x 軸有 0 交點 \Rightarrow 負 \end{cases}$

觀念解析　函數值恆正或恆負

圖形位置：

1. 若二次函數值恆正，

開口朝上 ⇨ **a > 0**

和 x 軸交 0 個點 ⇨ **D < 0**

2. 若二次函數值恆負，

開口朝下 ⇨ **a < 0**

和 x 軸交 0 個點 ⇨ **D < 0**

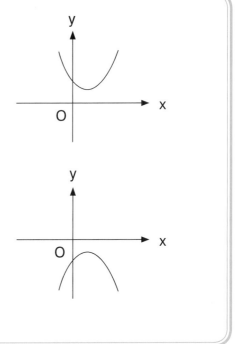

PART 2 二次函數的極值

二次函數最大值與最小值

1. 二次函數的 x 值與 y 值之關係：

   若將 $y = ax^2 + bx + c$ 化成 $y = a(x - h)^2 + k$ 時

   ⑴ 當 x 值沒有限制時，極值發生在頂點。

   ⑵ 當 x 值有限制時，且 $n \leq x \leq m$，則 y 的最大值、最小值可能在

   $x =$ **m** 或 **n** 或 **h** 時產生。

   EX：已知一二次函數 $y = 2x^2 + 4x + 5$，試求：

   ⑴ 當 x 值沒有限制時，有最大值或最小值是多少？

   $y = 2(x^2 + 2x + 1) + 5 - 2 = 2(x + 1)^2 + 3$ $\therefore \min = 3$

   ⑵ 當 $-3 \leq x \leq 0$，y 的最大值或最小值是多少？

   $\text{MAX} = f(-3) = 11$ $\min = f(-1) = 3$

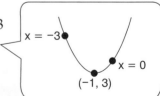

第二十一篇

統計圖表

PART 1 統計圖表

觀念解析 次數分配圖

1. 次數分配長條圖：

   ★ 沒有連帶關係，用來比較大小。

   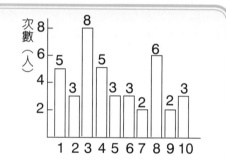

2. 次數分配直方圖：

   ★ 且各項資料間具有「連續性」。

   ★ 若組距為 70～80 表示

   包含 70，但不包含 80 之間的範圍。

   （$70 \leq x < 80$）

   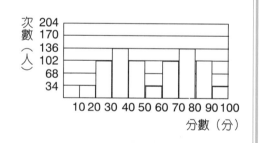

3. 次數分配折線圖：

　　★ 用來比較大小，並可表示「發展趨勢」。

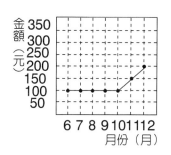

4. 圓面積圖：

　　★ 利用扇形畫出各類量對總量的比值。

　　★ 比較大小外，且可表示出各數量對總

　　　量的百分率。

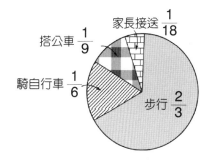

PART 2 統計量

觀念解析　相對次數

求出各組次數占總次數的**百分率**，即為相對次數分配表。

觀念解析　累積次數

依照由小而大的組別，將次數分配圖表各組的次數**累積**後，即為累積次數分配圖表。

觀念解析　相對累積次數

求出各組**累積次數**所各占總次數的**百分率**，即可完成相對累積次數分配圖表。

觀念解析 | 集中量數

1. 算術平均數：可顯示資料的集中趨勢。

   求法：

   (1) 資料未分組時：算術平均數 $= \dfrac{各數值總和}{數值總個數}$

   (2) 資料已分組時：算術平均數 $= \dfrac{所有乘積的總和}{各組次數總和}$

   （※乘積＝各組中間數 × 該組的次數）。

2. 中位數：將一群數值資料，由小而大依序排列。

   (1) 若資料為奇數個，則中位數為最中間的一個資料值。

   (2) 若資料為偶數個，則中位數為最中間兩個資料值的算術平均數。

   (3) 中位數因為不受資料中特別大或特別小的數值影響，故可表示這群資料的趨勢與特徵。

3. 眾數：一群數值資料中出現次數最多的數值（可能不只一個）。

觀念解析 | 百分位數

1. 資料未分組：求第 n 百分位數：（資料需先由小排到大）。

   EX：共 100 筆資料請求第 25 百分位數。

   $$100 \cdot \frac{25}{100} = 25 \Rightarrow$$ 將第 25、26 筆資料平均。

2. 資料已分組：對照相對累積次數分配折線求第 n 百分位數，求出即可！。

觀念解析 **變異量數**

1. 全距

   ⑴ 用來表示一群數值資料分散的情形，即最大值與最小值之差。

   ⑵ 全距較易受極端數值影響，所以在分散情形較不可靠。

   ⑶ 表示方法　$R = X_{max} - X_{min}$。

2. 四分位數與四分位距

   ⑴ 將一群數值資料由小排到大，全體個數的第四分之一之數值，稱為第一四分位數（Q_1）而全體個數的第四分之三位之數值，稱為第三四分位數（Q_3）。

   ⑵ 四分位距（差）即　$QD = Q_3 - Q_1$。

   ⑶ 四分位距越大，則資料越分散，反之，則分散情形越小。

   ⑷ 四分位距不受極端數值影響，較能描述資料的分散情形。

| 觀念解析 | 盒狀圖 |

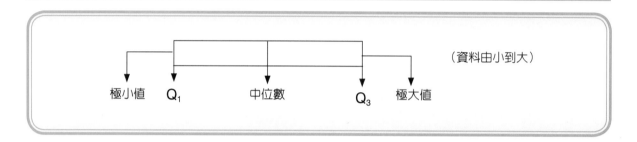

第二十二篇

機率

PART 1 機率

觀念解析　機率的定義

為了瞭解試驗後事件的發生有多大的可能性，可用一個數值表示，而這個數值稱為**機率**、**或然率**，或稱**概率**。

觀念解析　機率的求法

A 事件發生的機率 = $\dfrac{\text{A 事件所含結果的個數}}{\text{試驗中所有可能出現結果的個數}}$。

★不可能發生事件的機率為 **0**。

★必然發生事件的機率為 **1**。

範例 1

袋中有三個白球，四個黑球，二個紅球，一次取二球，取後不放回：

請問僅取一次，取到二同色球的機率。

範例 2

投擲 3 顆公正的骰子（點數為 $1 \sim 6$），求 3 顆骰子點數和是 6 的機率。

ANS

範例 1 解析

〔國中解法〕

取到二同色球的可能有：

兩球均為白球：$\dfrac{3}{9} \cdot \dfrac{2}{8} = \dfrac{6}{72}$　　兩球均為黑球：$\dfrac{4}{9} \cdot \dfrac{3}{8} = \dfrac{12}{72}$

兩球均為紅球：$\dfrac{2}{9} \cdot \dfrac{1}{8} = \dfrac{2}{72}$　　總和為 $\dfrac{6}{72} + \dfrac{12}{72} + \dfrac{2}{72} = \dfrac{20}{72} = \dfrac{5}{18}$。

〔高中解法〕

$$\dfrac{C_2^3 \text{白} + C_2^4 \text{黑} + C_2^2 \text{紅}}{C_2^9 \text{球}} = \dfrac{\dfrac{3 \times 2}{\cancel{2}} + \dfrac{4 \times 3}{\cancel{2}} + \dfrac{2 \times 1}{\cancel{2}}}{\dfrac{9 \times 8}{\cancel{2}}} = \dfrac{6 + 12 + 2}{72} = \dfrac{20}{72} = \dfrac{5}{18} 。$$

範例 2 解析

〔國中解法〕

投擲 3 顆骰子全部有 $6 \times 6 \times 6$ 種可能

點數和為 6：$(4, 1, 1), (3, 2, 1), (2, 2, 2)$　共 10 種可能。

$$(1, 4, 1), (3, 1, 2)$$
$$(1, 1, 4), (2, 3, 1)$$
$$(2, 1, 3)$$
$$(1, 3, 2)$$
$$(1, 2, 3)$$

機率為 $\dfrac{10}{6 \times 6 \times 6} = \dfrac{5}{108}$

〔高中解法〕

$\dfrac{H_{6-3}^{3}}{6 \times 6 \times 6}$　（6 個點數分給 3 顆骰子，每顆先給 1 點）

$= \dfrac{C_3^5}{6 \times 6 \times 6} = \dfrac{\frac{5 \times \cancel{4}^{2}}{\cancel{2}}}{6 \times 6 \times \cancel{6}_3} = \dfrac{5}{108}$

PART 2 抽樣調查

觀念解析　抽樣

1. 抽樣調查：從所要調查的全體對象中，選出 一部份對象 調查，這種調查
   方法稱為抽樣調查。

   如電視節目的收視率、民意調查的百分比 ……等。

2. 樣本：在抽樣調查中， 被選出的對象 ，稱為樣本。

3. 母群體：原 被調查對象的全體 稱為母群體。

   ★ 利用抽樣調查的概念，可由部份樣本估計母群體的總數。

觀念解析　普查

普查：對 **全體對象** 做普遍調查，稱為普查。

如人口普查，全校學生的身體檢查……等。

觀念解析　亂數表的查法

通常會先指定從何處開始查，按照所需編號位數，依序一次取 2 位、3 位或更多，剔除不合適資料，取足樣本數量。

範例 1

劉靜老師的家位於海邊，今年冬天有許多候鳥飛來附近的樹林裡棲息。動物保護協會想知道候鳥數量有多少，於是小心地捕捉了 50 隻候鳥，加上腳環後放回。一星期後，他們再捕捉 25 隻候鳥，發現其中只有兩隻鳥的腳上有腳環，請問當時候鳥約有幾隻？

範例 2

將九年級學生予以編號，男生從 001、002、003、……、240，女生從 241、242、243、……、420，從亂數表第 2 列第 5 行開始，由左而右，選出 10 人做教室布置，請問女生第一個被選中的編號是幾號？

9875	9078	3677	4599	4560
3414	1527	4546	5786	9260
7956	2173	5793	5857	8454
9362	0122	6163	4431	0909
8897	7091	1065	6914	5095

ANS

範例 1 解析

625 隻

範例 2 解析

358

依序取出為：

152（男）、745（×）、465（×）、786（×）、926（×）、079（男）、562（×）、173（男）、579（×）、358（女）

國家圖書館出版品預行編目資料

超速吸收國中數學攻略／劉靜著. -- 二
版. -- 臺北市：五南, 2019.02
　　面；　公分
　ISBN 978-957-763-210-4（平裝）

1.數學教育　2.中等教育

524.32　　　　　　　　　107021921

ZD12

超速吸收國中數學攻略

作　　者 ― 劉　靜（343.5）

發 行 人 ― 楊榮川

總 經 理 ― 楊士清

主　　編 ― 王正華

責任編輯 ― 金明芬

封面設計 ― 鄭云淨

出 版 者 ― 五南圖書出版股份有限公司

地　　址：106台北市大安區和平東路二段339號4樓

電　　話：(02)2705-5066　　傳　　真：(02)2706-6100

網　　址：http://www.wunan.com.tw

電子郵件：wunan@wunan.com.tw

劃撥帳號：01068953

戶　　名：五南圖書出版股份有限公司

法律顧問　林勝安律師事務所　林勝安律師

出版日期　2013年 8 月初版一刷
　　　　　2015年 9 月二版一刷
　　　　　2019年 2 月三版一刷

定　　價　新臺幣350元